事 業 者 必 携

入門図解 最新

# 休業・休職の
# 法律知識と実務手続き

社会保険労務士・
中小企業診断士 **森島 大吾** 監修

三修社

## はじめに

　本来、労働者に労働義務がある日について、労働義務が免除される日を休業または休暇といいます。

　休業と休職はよく似た概念ですが、意味が違います。休業とは、雇用契約（労働契約）上、労働義務がある時間について労働者が労働できなくなることです。一斉休業だけでなく、個々の労働者の休業も含みます。代表的な例としては、産前産後の休業・育児休業・介護休業があります。一方、休職とは、一般に労働者側の事情により就業することができなくなった、もしくは就業することが困難になった場合に、使用者が、会社に在籍した状態で長期間の労働義務を免除し、雇用契約はそのまま存続させることです。労働基準法には根拠がなく、各企業の労働協約や就業規則で定めるのが通常です。たとえば、業務外の負傷・疾病で長期間休業する場合の私傷病休職、私的な事故による事故休職、不正行為を働いた場合の懲戒休職、労働組合の役員に専念する場合の専従休職、海外留学や議員など公職への就任に伴う自己都合休職などがあります。休業も休職も、労務管理上は、休業期間・休職期間経過後の職場復帰という問題が伴います。特に長期間休業・休職した労働者については、職場に順応できるように、会社として配慮することが必要になります。

　本書は、休業・休職の基礎知識から復職支援のポイント、休業・休職と関わる事務・社会保険手続きを幅広く解説しています。

　労働施策総合推進法（パワハラ防止法）、短時間労働者に対する健康保険・厚生年金保険の適用の拡大、傷病手当金についての健康保険法の改正、令和3年6月に改正された育児・介護休業法の改正（令和4年4月1日から段階的に施行）など、最新の法改正についてもフォローしています。

　本書をご活用いただき、休業・休職への対応や労務管理に役立てていただければ、監修者としてこれに勝る喜びはありません。

監修者　社会保険労務士・中小企業診断士　森島　大吾

# Contents

## 第3章　メンタルヘルスの法律と職場復帰支援

## 第4章　休業・休職と関わる事務・社会保険手続き

## 第5章　産前産後休業・育児休業・介護休業の法律と書式

# 第 1 章

## 休業・休職の法律の
## 全体像

# 1 休職・休業とはどのような制度なのかを知っておこう

―定期間の労働義務を免除する処分のことである

## ◉ 休職と休業は違う

　**休職**とは、労働者に労務提供を不適当または不能とする事由がある場合に、使用者が労働契約を維持した状態のまま、業務に就くことを免除または禁止することをいいます。これに対して、**休業**とは、労働基準法をはじめとする法律の規定に基づき、業務に就くことを免除または禁止することを指します。一般的には、法律の規定以外の事由によって、長期間にわたり会社を休むことを休職と呼んでいます。

　休職を分類すると、①使用者側の命令によるもの、②労働者側の申し出によるもの、③それ以外の事情によるものがあります。③の例としては、大震災や水害によるやむを得ない休職など、双方の責任によるものとはいいがたい事情によって休職する場合があります。

## ◉ 労働者側の事情による休職・休業

　労働者側の申し出によるものとしては、産前産後休業、育児休業、介護休業など法律に定められた休業と、労働者個人の私的な事情による休職があります。企業内の休職制度の導入は、休職が法律の根拠に基づくものでないことから、企業が人事管理のために比較的自由に創設することができます。つまり、休職制度を設けるかどうかも含めて企業が自由に決めることができます。そのため、休職制度を設ける際には、どのような種類の休職制度を導入するか、休職中の待遇をどうするか、などを企業内で慎重に議論をする必要があります。

　労働者側が自らの事情で休職を申し出る場合、その事由には次のようなものがあります。

① 私傷病による休職

業務外の原因によって病気を発症したり、ケガをしたりして長期間の休みを要する場合の休職です。

② 私事による休職

海外留学をした、実家の家業を手伝うなどの家庭の事情がある、議員などの公職に就任した、組合専従になった、などの事由で、労務の提供が不能になった場合の休職です。

## ● 労働者側の事情以外の事情による休職・休業

労働者側の事情以外の事情によるものとしては、①労働災害による休業、②業務の停止による休業（経営上の事情による操業停止など）、③業務命令による休職があります。③の休職は、出向・研修などを命じる場合（出向休職）、就業規則違反をした者に懲戒を加える場合（懲戒休職）、刑事事件を起こして起訴された場合（起訴休職）などがあります。

## ● 休職後の取扱いについて

休職期間中に休職事由がなくなれば、休職は終了して職場復帰となります。また、休職期間が満了したときも職場復帰となります。いずれの場合も企業は理由なく復職を拒むことはできません。

復職をめぐっては労使間のトラブルが多いことから、休職事由消滅の際の取扱い、休職期間満了後の取扱い（復職手続き、休職期間の延長、退職や解雇の要件など）は、就業規則や私傷病休職取扱規程などで明確にしておくことが望ましいといえます。最近では、精神疾患者の私傷病休職を考慮した規定が重視されています。その他、復職を支援するプログラムを整備する企業もあります。

# 労働者の事情による休職制度にはどんなものがあるのか

導入するかどうかは自由である

## ◉ 法律上の規制はない

　企業内での休職制度の導入は、法律によって義務付けられているわけではありません。休職制度を導入する場合には、それぞれの企業文化にあったものを導入することが重要であり、他社が導入している制度だからといって深く検討せずに導入することは避けるべきでしょう。

　休職制度は、企業側が人事管理のために自由に創設できる制度だといえます。休職制度を設けるかどうかも含めて企業が自由に決めることができます。

　休職制度を設ける際には、どのような種類の休職制度を導入するか、待遇をどうするかといったことを企業内で慎重に議論をする必要があります。

## ◉ 休職にはどんなものがあるのか

　おもな休職制度には以下のようなものがあります。

### ・私傷病休職制度（32ページ）

　病気やケガによって労働者が働けなくなった際に一定期間休職することを許し、一定期間内に回復しなければ労働者を退職・解雇するという制度です。病気やケガによって勤務ができなくなった労働者について、私傷病休職制度があるにもかかわらず制度を利用させずに解雇したような場合には、解雇権の濫用として解雇自体が無効になる可能性が高いといえます。ただし、客観的に回復の見込みがない場合には、私傷病休職を利用させずに労働者を解雇しても、解雇権の濫用には該当せず、適法な解雇であると考えられています。

・**公務就任による休職**（59ページ）

　議員などの公職に就任することで勤務が不可能になった際に休職を許すという制度です。労働者が公務に従事している間は、企業での勤務を免除しますが、公務への就任期間が終了した場合には、労働者は企業で再び勤務することになります。

・**起訴休職**（61ページ）

　刑事事件で起訴された労働者を、裁判が行われている間は休職させるという制度です。起訴されたとしても、裁判で判決がでなければ有罪になるかどうかわかりません。しかし、刑事裁判で被告人となっている人を働かせることは好ましいことではないので、刑事裁判が行われている間は労働者に休職してもらう制度です。

　ただし、刑事事件で起訴された人は、99％以上が有罪になります。そのため、企業側としては、労働者が判決で有罪になることを想定して、労働者の解雇の準備をしておく必要があります。

・**組合専従による休職**（64ページ）

　労働者が組合活動に従事するために通常の勤務ができなくなったときに利用させる休職制度です。労働組合の活動を行いやすくするために、このような制度を設けます。

・**私事休職**（71ページ）

　労働者がボランティア活動などを行うために勤務ができなくなる場合に一時的に休職させるという制度です。労働者の余暇を充実させるという目的で、この休職制度が設けられます。

・**出向による休職**（66ページ）

　他社に出向して、自社での勤務ができなくなる場合には、労働者には出向による休職制度を利用してもらいます。

## ● 私傷病休職については特に注意が必要

　労働者が病気にかかったり、負傷することで一時的に勤務ができな

くなってしまった場合には、企業側がその労働者に対して退職を促すことがあります。しかし、退職を促す際に、私傷病休職の制度を利用できることを労働者が知らなかったとすると、労働者が退職の意思表示をしたとしても、後に錯誤を根拠として退職の意思表示の取消しを主張される可能性があります。

錯誤とは簡単に言うと、「思い違い」のことです。錯誤による意思表示は、その意思表示の重要な部分に錯誤がある場合（その錯誤がなければ、その意思表示はしなかったであろうと考えられる場合）に取り消すことができます（民法95条）。労働者が私傷病休職の制度を利用できることを知らずに退職の意思表示をした場合、労働者に私傷病休職の制度を利用できるかどうかという点について「思い違い」があ

■ 労働者の事情による休職制度のまとめ ……………………………………

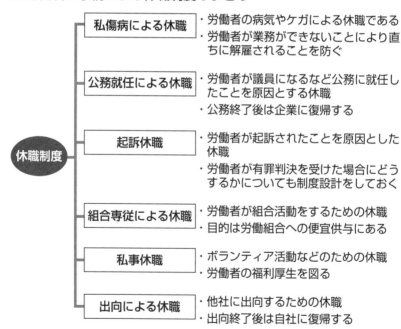

| 休職制度 | 私傷病による休職 | ・労働者の病気やケガによる休職である<br>・労働者が業務ができないことにより直ちに解雇されることを防ぐ |
| | 公務就任による休職 | ・労働者が議員になるなど公務に就任したことを原因とする休職<br>・公務終了後は企業に復帰する |
| | 起訴休職 | ・労働者が起訴されたことを原因とした休職<br>・労働者が有罪判決を受けた場合にどうするかについても制度設計をしておく |
| | 組合専従による休職 | ・労働者が組合活動をするための休職<br>・目的は労働組合への便宜供与にある |
| | 私事休職 | ・ボランティア活動などのための休職<br>・労働者の福利厚生を図る |
| | 出向による休職 | ・他社に出向するための休職<br>・出向終了後は自社に復帰する |

ることになります。そして、私傷病休職の制度を知っていれば、退職の意思表示をしなかったであろうと考えられるときは、錯誤を理由に労働者が退職の取消しを主張する可能性があります。

退職の意思表示に錯誤があるとして、労働者が取消しを主張することがないようにするために、企業側は労働者に退職を働きかける際には、私傷病休職の制度の存在や内容について十分に説明する必要があるといえます。

## ◉ その他、企業が必要と認める場合の休職制度を置いておく

「企業が必要と認めた場合には労働者は休職可能である」という内容の休職制度を設けることは可能です。このような内容の休職制度を設けることで、予期できないトラブルが発生した場合でも、企業側の判断によって労働者に休職制度を利用してもらうことができます。

たとえば、私傷病休職のような制度を設けておけば、労働者が病気にかかった場合や負傷をした場合には、休職制度を活用することができます。しかし逆に言うと、労働者が病気にかかった場合や負傷したような場合でなければ休職制度を活用できないことになります。

休職制度を設ける段階で、将来企業に対してどのようなことが起こるかすべて予測することは不可能です。あらゆる事態を想定した制度を作ったつもりでも、想定していないことが起こってしまう可能性は否定できません。

そのため、「企業が必要と認めた場合には労働者は休職することができる」という内容の休職制度を設けておく必要があります。このような制度にしておけば、企業が必要だと考えればいつでも労働者は休職制度を利用することができます。

このような休職制度を設ける場合、通常は待遇や休職期間についても、企業側で決めることができるような制度にしておくケースが多いといえます。

# 3 使用者の事情による休業制度にはどんなものがあるのか

休業の理由によって異なる

## ● 休業にはさまざまな理由がある

労働者の休業の理由はさまざまです。まず、①私生活上のケガなどにより労働者の都合で自主休業をする場合があります。②不況などにより資金繰りや生産活動などに支障が生じ、会社側の都合で労働者全員または一部の労働者を休業させる場合もあります。③労働者が業務遂行中にケガをするなどの労働災害により休業する場合もあります。また、④自然災害により会社が直接被害を受け、会社側が最大限努力しても労働者を休業させざるを得ないような場合など、不可抗力により休業を余儀なくされる場合もあります。

## ● 賃金等の支払いはどうなるのか

休業中に賃金等を支払う必要があるかどうかは、休業の理由によって異なります。

①私生活上のケガなどにより労働者の都合で自主休業をする場合など、労働者の都合により休業した場合は、労務の提供がない以上、賃金を支払う必要はありません。

他方、②不況などにより資金繰りや生産活動などに支障が生じ、会社側の都合で労働者全員または一部の労働者を休業させる場合、平均賃金の6割以上の休業手当を支払わなければなりません。さらに、会社が不正行為により営業停止処分を受けた場合のように、主に会社の責に帰すべき事由による休業といえる場合には、休業中の賃金全額を支払う義務があります。

③労働者が業務遂行中にケガをするなどの労働災害により休業する

場合、労災保険給付により休業補償が行われます。労災保険給付が行われた部分については、会社は補償責任を免れます。ただし、会社側の安全配慮義務違反や使用者責任が認められる場合には、休業中の賃金相当額の全額について損害賠償責任を負うことになります。

　また、④自然災害により会社が直接被害を受け、会社側が最大限努力しても労働者を休業させざるを得ないような場合など、不可抗力により休業を余儀なくされる場合も考えられます。この場合、使用者の責に帰すべき事由による休業ではありませんので、休業手当を支払う義務はありません。具体的には、ⓐその原因が事業の外部より発生した事故であること、ⓑ事業主が通常の経営者としての最大の注意を尽くしてもなお避けることができない事故であること、のいずれも満たす必要があります。たとえば、災害により休業を余儀なくされた場合においてもテレワークなどで事業を継続することができる時には、ⓑを満たしたことにはなりません。

## ■ 休業中の賃金等の支払い …………………………………………

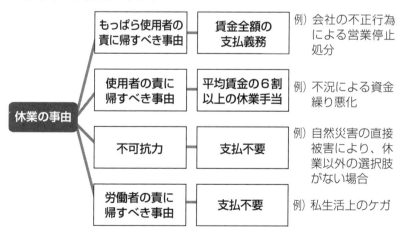

## ● 合意等による取扱い

　法令に基づく結論としては以上のとおりですが、労働者の生活に配慮し、就業規則や労働契約などにおいて、より労働者を保護する内容の規定を定めることはできます。たとえば、労働者が私生活上のケガなどで休業した場合でも、月給制や年俸制により支給する賃金を減額しないことができます。また、使用者の責に帰すべき事由により休業させた場合の休業手当について、平均賃金の６割を超える金額を支給することもできます。さらに、使用者の責に帰すべき事由によらない休業については、休業手当を支払う法的義務はありませんが、任意に手当を支給することもできます。

　他方、本来であれば賃金や休業手当の支払義務があるにもかかわらず、不支給とする合意は労働基準法に反するものとして原則として無効になります。

　ただし、労働者が賃金債権を放棄することに合理的な理由があれば、賃金を無給とすることができます。たとえば、在職中に不正経理を行い退職金を放棄した労働者が、賃金全額払原則に反するとして退職金の放棄は無効であると主張したという事件では、最高裁は退職金の放棄に合理的な理由があり、退職金債権の放棄は有効であると判断しました。

　休職・休業期間中の賃金についても、賃金債権の放棄に合理的な理由があり、労働者が本来であれば賃金債権が発生することを認識した上で会社との間で無給にすることに合意すれば、その合意は有効になると考えられます。

## ● 勤務時間の短い日の休業手当はどうなるのか

　土曜日を勤務日としている企業でも、土曜日は平日と異なり勤務時間を短く設定している企業があります。使用者の責に帰すべき事由による休業の場合は、休業日の勤務時間にかかわらず、平均賃金の60％以上の休業手当を労働者に支払う必要があります。平均賃金をベース

に算定されますので、勤務時間が短い日であるからといって、その日についてだけ休業手当が少なくなるわけではありません。

　なお、会社の不正行為により営業停止処分を受けた場合など、休業することについてもっぱら企業側に責任がある場合には、賃金の全額を労働者に支払う必要があります。

## ◉ 休業期間はどのように設定すればよいのか

　不可抗力による休業の場合、企業側に休業手当を支払う義務はありませんが、不必要に長い休業期間となった場合は、必要な休業期間を超える部分については、使用者の責に帰すべき事由による休業となり、休業手当を支払う義務が生じます。

　他方、使用者の責に帰すべき事由による休業の場合、企業側に休業手当を支払う義務がありますが、労働者が不必要に長い期間の休業をした場合は、必要な休業期間を超える部分については、休業手当の支払いを受けることはできません。

　会社としては、休業の理由に応じて適切な休業期間となるように注意しなければなりません。

## ◉ 有給休暇との関係は

　休業させようとした日に、労働者が有給休暇を取得していた場合には、有給休暇の方が優先します。有給休暇の申請の方が早ければ、その後に労働者に対して休業を命じたとしても意味はありません。休業命令を出す際には、ムダな混乱が生じることを避けるために、あらかじめ有給休暇の取得の有無を調べておくべきでしょう。なお、休業命令が先に出ている場合は有給休暇の請求を拒否することができますが、有給休暇の取得を認めることもできます。

# 業務災害による休業制度について知っておこう

解雇が可能な場合もある

## ◉ 休業期間中の賃金などはどうなるのか

**業務災害**とは、労働者が仕事をする過程で負傷・死亡することです。業務災害が生じたことについて企業側に落ち度がある場合には、企業は労働者に対して損害賠償をする必要があります。また、業務災害について企業側に落ち度がなかった場合にも、労働者は労災保険制度により補償を受けることができます。

労災保険給付の種類はさまざまですが、労働者に対しては、治療のための費用については療養補償給付、療養のために仕事をする事ができず給料をもらえない場合の補償については休業補償給付、治療完了後に一定の障害が残った場合については障害補償給付の給付が行われます。業務災害が生じた際に、企業側に落ち度がなく損害賠償責任がない場合には、労働者には労災保険制度による補償がなされるだけです。

これに対して企業側に落ち度があり、損害賠償責任がある場合には、労災保険でカバーされない損害について、企業は労働者に対して賠償をする必要があります。

具体的には、企業は、休業により労働者が得ることができなかった賃金のうち、労災保険給付でカバーされなかった部分について、損害賠償として労働者に支払わなければなりません。また、労働者に後遺症が残った場合には、後遺障害がなければ将来得ることができた収入（逸失利益）についても企業は損害賠償金を支払う必要があります。さらに、精神的な損害に対する補償である慰謝料についても、企業が負担することになります。これらの他にも、労災保険給付でカバーされない損害があれば、企業の負担となります。

## ◉ 年次有給休暇の取扱いについて

　業務災害に遭った場合も、年次有給休暇を取得することはできます。業務災害の場合は、労災保険給付により休業補償を受けることができます。しかし、年次有給休暇であれば、賃金の満額を受け取ることができますので、年次有給休暇を取得した方が労働者に有利な場合があります。

## ◉ 休業期間を超えると業務災害とは認められない場合もある

　当初は業務災害と認められていた場合でも、その後に休業期間が長期化した場合には、業務災害と認められなくなるケースがあります。業務が原因となった休業かどうかは、労働者が雇用者の支配下にある状態で起こった事件や事故が原因となっているかどうかによって決まります。雇用者の支配下で業務遂行中に起こったことが休業の原因となっていれば、業務災害として休業が認められます。

　しかし、業務災害によって休業を余儀なくされたものの、状況からして休業期間が長すぎるという場合には、ある時点からは業務災害による休業とは認められなくなります。たとえば、業務災害にあってから1週間程度で復帰できるはずであったにもかかわらず、労働者の精神的な問題によって休業期間が2年以上に及んだという場合には、2年間の休業すべてが業務災害を原因とするものであるとは認められない可能性が高いといえます。

## ◉ 労働条件の変更

　労働者が休業期間を終えて業務に復帰する場合、原則としては休業前の労働条件で労働者を雇用し続ける必要があります。労働者の復職後の労働条件について、休業したことのみを理由として、従来の労働条件を変更することはできません。

　ただし、復職後の業務の質が低下している場合には、それを理由と

して労働条件の変更や、配置転換などの人事異動を行うことは可能です。復帰後に配置転換を行い、それに伴って労働条件を変更するということは可能です。

## ◉ 解雇の制限

　企業側から労働者を解雇することに対しては、さまざまな法規制がなされています。労働者が業務災害によって働けなくなった場合、「療養のために休業する期間」と「その休業期間が終了してから30日間」は、企業は業務災害にあった労働者を解雇することはできません。症状が固定（治癒）した後に通院治療を行う期間は、「療養のために休業する期間」には含まれません。また、解雇制限が適用されるのは、業務災害によって働けなくなった場合であり、通勤災害（通勤による負傷、疾病など）によって働けなくなった場合は適用されません。

　ただし、上記の期間中であっても、療養開始後3年を経過しても負傷・疾病が治らない場合は、平均賃金の1200日分の打切補償を支払えば、解雇することができます。また、自然災害などのやむを得ない事由のために事業の継続が不可能となった場合も解雇することができます。

### ■ 業務災害についての休職制度のまとめ …………………………

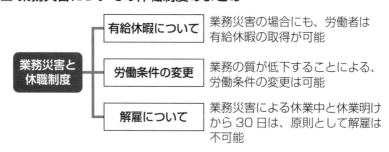

| 業務災害と休職制度 | 有給休暇について | 業務災害の場合にも、労働者は有給休暇の取得が可能 |
| | 労働条件の変更 | 業務の質が低下することによる、労働条件の変更は可能 |
| | 解雇について | 業務災害による休業中と休業明けから30日は、原則として解雇は不可能 |

## 5 一時帰休やワークシェアリングという方法もある

一時的に事業を停止し、社員を一定期間休業させる制度のこと

### ● 一時帰休とは

一時帰休とは、不況による業績悪化や感染症の拡大などに伴い、会社が一時的にすべての事業または一部の事業を停止し、一定期間にわたり継続して、あるいは就業時間中に断続して、従業員（労働者）を休業させる制度です。労働協約や就業規則などに、会社の業績上必要があるときに一時帰休の命令ができるとする定めがあれば、会社が従業員に対して一時帰休を命ずることができます。一時帰休は解雇とは違いますので、従業員としての地位を失いません。具体的な導入の流れは、以下のとおりです。

① 休業内容の決定

対象従業員の決定、休業の日数や形態（連休・飛び休など）の決定、休業手当の額の決定（平均賃金の60%以上）などを行います。すでに就業規則などの定めがあれば、それに基づきます。

② 従業員や労働組合との協議・通知

一時帰休に関する労働協約の定めがあれば、その内容を確認します。労働協約には、一時帰休の導入に際して「労働組合の同意が必要」「労働組合との協議が必要」「労働組合への事前通知が必要」などと定めている場合がほとんどです。なお、労働協約や就業規則などで、一時帰休に関する定めを設けていなければ、一時帰休をする際に個々の従業員への説明と同意が必要だといえます。

### ● 一時帰休期間中の労務管理

一時帰休期間中は、通常の業務が免除されていますから、競合他社

での就業など会社に損害を与える恐れがある場合を除き、従業員の
アルバイトも許容されます。また、一時帰休の原因は、それを決定
した会社側にあります。したがって、会社は一時帰休させた分につ
いて、1日当たり平均賃金（198ページ）の60％以上の額の休業手当
を支払わなければなりません（労働基準法26条）。休業手当の支払期
日は、厚生労働省の通達により、休業手当は賃金として扱われるため、
通常の賃金支払日に支払うことが示されています。なお、一時帰休期
間が終了した場合、会社は一時帰休前と同一の労働条件で従業員を職
場に復帰させなければなりません。

## ● ワークシェアリングの実施

　ワークシェアリングとは、1人当たりの労働時間を短縮させる、ま
たは従業員が互いに職務を分け合うことで、雇用機会を拡大し、失業
者の発生を抑えようという考え方です。「雇用機会の変化」「労働時間
の変化」「賃金の変化」を組み合わせることで、雇用量をコントロー
ルし、より多くの就業者を確保しようとするわけです。ワークシェア
リングを導入する目的は、以下のとおりです。

① 　会社の業績悪化を背景とし、一時的に従業員1人当たりの労働時
　間を短縮し、会社内の雇用を維持する（緊急避難型）。

② 　会社に中高年齢層の割合が増加することを背景とし、中高年齢層
　の従業員1人当たりの労働時間を短縮し、中高年齢層の雇用を維持
　する（中高年対策型）。

③ 　失業率の高まりを受けて、失業者に新たな雇用機会を提供する
　（雇用創出型）。これは、国や会社単位で労働時間を短縮し、多くの
　労働者が雇用される機会を与えるものです。

④ 　育児中・介護中の者や、余暇を重視する者などが働きやすい環境
　を整備し、雇用機会を提供する（多様就業対応型）。フルタイムで
　は働けない事情を抱える者や、多様な価値観を持った者に対応しつ

つ、会社にとって有能な人材を確保することを実現しようとするものです。勤務時間や勤務日数の体系を柔軟に設定すること、1人分の仕事を2人に担わせること、フルタイムの仕事をパートタイム化することなどが考えられます。

ワークシェアリングは、本来「労働時間を分割して雇用を守る」という考え方で、人件費削減の手段ではありませんが、会社の総人件費を抑制する手段として活用することもあります。

たとえば、月給30万円の従業員を10人雇用する会社でワークシェアリングを実施し、1人当たりの月給を3万円減額し、月給20万円でパート従業員を1人雇うと、総人件費は300万円（30万円×10人）から290万円（27万円×10人＋20万円×1人）に抑制できます。いわば、雇用の確保とともに、賃金カットの意味合いでワークシェアリングを実施するものだといえます。

経営状況が一時帰休を実施する状況までには至っていないとしても、何らかの形で人件費を削減する必要がある場合に、ワークシェアリングの導入を検討してもよいでしょう。

## ● ワークシェアリングの導入手続

制度を導入する際には、法令の定めに反しないように注意しなければなりません。ワークシェアリングを導入すれば、労働時間や勤務日に変更が出てくるのが通常ですので、労働基準法・労働契約法の定める手続きに従い、労働条件・就業規則を変更し、所轄の労働基準監督署に届け出なければなりません。具体的には、ワークシェアリングの導入により、三六協定の維持または新たな締結、休業手当の支給、年次有給休暇の取得、社会保険・雇用保険との関係での調整が必要になります。

# 6 休業手当を支払わなければ ならない場合とは

使用者の都合で従業員が就業できなかった場合には支払わなければならない

## ● 休業手当とは

労働基準法により、使用者の帰責事由による休業の場合、使用者は休業期間中、休業した労働者に対し、その平均賃金の60％以上の手当を支払わなければなりません。これを**休業手当**といいます。

休業とは、労働契約上労働義務のある時間について労働ができなくなることです。一斉休業も1人だけの休業も同じです。1日の所定労働時間の一部だけの休業（一部休業）も含まれます。

民法では、使用者の帰責事由による休業の場合は、労働者に賃金全額の請求権があると規定しています。しかし、労働基準法上の休業手当が平均賃金（198ページ）の60％以上とするのは、一見すると労働者の権利を狭めているように見えますが、休業手当の不払いには罰則が科されるため、最低60％を労働者に確保する点に意義があります。

休業手当支払義務は強行法規（当事者間で法令と異なる特約をしても、その特約の効力が認められない規定）なので、労使間で60％を下回る保障の特約を定めても効力は認められません。

なお、就業規則などによって60％以上の休業手当を支払うことを規定している場合は、その規定に従います。休業手当の支払いにあたっては**雇用調整助成金**の利用を検討するのがよいでしょう。

判例は、休業手当支払義務は使用者による合理的理由のない解雇にも適用するため、解雇が無効となった場合（解雇権濫用）、解雇期間中について平均賃金の60％以上の休業手当を労働者に保障しなければならない、としていますので注意が必要です。労働者が解雇期間中に他の職業に就き、給料などの利益を得ていても、使用者が控除できる

のは平均賃金の40％が上限です。

## ◉ 使用者の帰責事由の範囲は休業手当の方が広い

　休業手当における使用者の帰責事由（責めに帰すべき事由）に該当するかどうかは、使用者が休業を回避するため、社会通念上の最善の努力をしたかどうかを問題とするので、民法上の帰責事由よりも範囲が広いと考えられています。したがって、天災事変などの不可抗力でない限り、休業手当における帰責事由があると判断される傾向があります。たとえば、原材料の欠乏、親会社の経営難による下請工場の資材不足・資金不足、違法な解雇、流通の不円滑による資材の入手難、機械の検査や監督官庁の勧告による操業停止などを理由に休業しても、使用者に帰責事由ありと判断されて、休業手当支払義務が生じます。

　一方で、休業の理由が不可抗力で、帰責事由が労使どちらにもない場合は、就業規則や労働協約などの定めに従います。不可抗力の例として、天災事変以外にも、電休（電力供給がなくなること）による休業、労働安全衛生法に基づく健康診断の結果による休業、一部労働者のストライキによる他の労働者の休業、法令に基づくボイラー検査による休業などが挙げられます。

### ■ 休業手当の支払義務の有無 ……………………………………

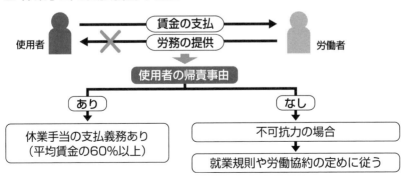

# その他どんな場合に休業が問題となるのか

セクハラやパワハラも想定する必要がある

## ◉ 採用内定者や試用期間中の者の法的な位置づけ

　試用期間中の労働者を本採用したくないというケースでは、試用期間中に初めてわかったという事情があり、試用期間終了後も継続して雇用することが適当ではないという場合に、企業側は労働者の本採用を拒否することができます。

　試用期間中の労働者に対しては、試用期間中であっても賃金を支払う必要があります。そのため、試用期間中の労働者が本採用されない場合でも、賃金や休業手当を支払わなければなりません。

　たとえば、試用期間中に会社が、「この労働者はうちの会社に合わない」と考えて労働者に対して休業を命じるケースもありますが、この場合でも休業手当を支払う必要があります。

　採用内定の通知をした者への対処も同様です。採用内定を出した時点ではわからなかった事情が判明し、採用内定を取り消すことに合理的な理由がある場合に企業は解約権を行使することができます。また、採用内定の場合も、労働者が入社して勤務し始めた日以降は、休業することについて、会社の責任の程度に応じて、賃金や休業手当を支払う必要があります。

## ◉ 非行や違法行為の疑いのある従業員について

　企業の秩序を乱す行為（就業規則に違反する行為など）を非行といいます。また、法律に違反する行為のことを**違法行為**といいます。非行や違法行為を行った疑いのある従業員に対しては、自宅待機を命じることが可能です。

企業としては、非行や違法行為を行った可能性のある労働者をそれまで通り働かせ続けることはできません。調査を行い、事実関係が明確になるまでは、労働者に対しては自宅待機を命じます。

　労働者に対して自宅待機を命じた場合に、労働者の非行や違法行為の内容が悪質であるためにその労働者が職場にいることで職場が混乱してしまうような場合には、企業は労働者に対して賃金も休業手当も支払う必要はありません。このような場合、休業の責任は完全に労働者側にあるので、企業側に賃金や休業手当の支払義務は生じません。

　また、調査を円滑に行うために労働者に自宅待機を命じたという場合は、企業は労働者に対して休業手当（26ページ）を支払う必要があります。この場合は、企業の支配領域内で起こった事情により労働者は休業しているといえるからです。

## ◉ 違法行為をした従業員を解雇する場合の処理

　従業員が非行や違法行為を行っていた場合、企業はその従業員を解雇するというケースがあります。

　懲戒解雇を行う条件を満たしているのであれば、即時の解雇が可能です。しかし、懲戒解雇ではなく通常の解雇を行う場合には、原則として解雇をする日の30日前に解雇の予告をするか、30日分の解雇予告手当を支払う必要があります。ただし、解雇の30日前に解雇予告を行った場合、解雇をするまでの30日間について会社が従業員に対して休業を命じることが考えられます。この30日間について、会社が休業手当を支払う必要があるかどうかは、休業に対して会社がどの程度責任を負っているかによって決まります。

## ◉ 健康面に問題のある従業員について

　企業は、労働者に対して定期的に健康診断を実施する必要があります。健康診断の結果により、労働者に健康上の問題があることが判明

した場合には、企業が労働者に対して休業を命じるというケースがあります。

　この場合も、休業に対して企業にどの程度の責任があるかによって、休業手当を支払う必要があるかどうかが変わってきます。たとえば、健康診断の結果、もっと詳しく精密検査を行う必要があるということになった場合には、精密検査に伴う休業は労働者側に責任がある事柄だといえます。そのため、企業側は賃金も休業手当も支払う必要はありません。

## ● セクハラやパワハラの被害を受けて体調の悪い社員について

　セクハラやパワハラが行われた場合、被害にあった従業員に対して企業が休業を命じることも考えられます。企業には職場環境を整備し、セクハラやパワハラを防止するための措置を講じる義務がありますが、現実にセクハラやパワハラが行われたということは、企業はその義務を果たしていなかったことになります。そのため、被害にあった従業員に休業を命じた場合でも、休業期間中の賃金について、企業は損害賠償として従業員に支払う必要があります。

### ■ 休業手当の支払いが問題となるさまざまなケース ・・・・・・・・・・

| 試用期間中の者への<br>休業命令 |
| --- |

| 違法・規則違反者への<br>休業命令 |
| --- |

| 健康不安者への休業命令 |
| --- |

| セクハラなどの被害者への<br>休業命令 |
| --- |

→ 休業命令の内容を判断して使用者に責任があるといえるケースでは休業手当を支払う必要あり！

# 第 2 章

## 休職をめぐる法律と書式

# 私傷病休職について知っておこう

他の制度との関係も問題になる

## ● どんな制度なのか

**私傷病休職制度**を設ける目的は、労働者に傷病の治療の機会を与え、労働者が職を失わないようにするという点にあります。私傷病休職については、社内規程（**私傷病休職規程**、34ページ）を定め、具体的な取扱いを規定しておくのがよいでしょう。

一般的な私傷病休職制度は以下のような内容になります。

・1年以上継続して勤務している者を対象にする

・休職期間の賃金は支払わない

・休職期間は、賞与や退職金の算定期間の対象としない

入社して間もない社員に長期の休職期間を与えなければならないとなると、会社にとって不都合であるため、対象者を「1年以上継続して勤務している者」など、一定の要件を満たす者に限定するのがよいでしょう。なお、休職制度を正社員のみに限定して非正規社員（アルバイトなど長期雇用を前提としていない従業員は除く）を対象にしない場合、両者の間に不合理な待遇差があるとしてトラブルになる可能性があります。また、勤続期間が長い労働者に対しては休職期間を長めに設定し、勤続期間が短い労働者に対しては休職期間を短めに設定します。休職制度を導入する際には、労働者が復職するための条件も定めておく必要があります。具体的には以下の規定を盛り込みます。

・復職に際しては医師の診断書が必要である

・復職の可否については最終的には会社が判断する

労働者ができるだけ早期の復職を望むことがありますが、完治していないにもかかわらず労働者を復職させることは適切ではないため、

医師の診断書を提出してもらうようにします。ただし、労働者の主治医の判断だけでは、復職の判断が難しい場合もあるため、会社の指定する医療機関などでの診察を求めることができる制度にしておくとよいでしょう。また、人事管理権を有する企業側が最終的な復職の可否を判断することも明記しておきます。

## ◉ 制度を導入する際の注意点とは

休職中の期間を表彰・退職金・私傷病休職・年次有給休暇の権利付与の期間に含めるかどうかについて検討する必要があります。

### ・表彰

企業は、○○年以上勤務した労働者を表彰するケースがあります。○○年に休職期間を含めるかどうかは企業が自由に決めることができます。私傷病休職期間中、労働者は企業の活動に貢献していないので、通常は表彰のために必要になる期間には含めません。

### ・退職金

退職金は、労働者の勤続期間によって額が決まります。退職金の算定基礎になる勤続期間に休職期間を含めるかどうかは企業の側で決めることができます。通常は、退職金算定の基礎となる勤続期間に休職期間は含めません。

### ・勤続期間に含めるかどうか

私傷病休職期間は勤続期間に応じて決まります。その勤続期間に休職期間を含めるかどうかは、企業が自由に決定できます。通常は、計算を容易にするために、休職期間を勤続期間に含めます。

### ・年次有給休暇

年次有給休暇は、算定対象となる継続勤務期間の8割の日数を出勤することで発生します。休職期間は、継続勤務期間には含まれますが、出勤には含まれません。そのため、休職期間が長く継続勤務期間の8割の日数分出勤できなければ、年次有給休暇は発生しません。

# 私傷病休職取扱規程

**第1条（目　的）**　本規程は、「就業規則」第○条（休職）のうち、私傷病により休職しようとする従業員につき、休職が認められる要件ならびに手続上の遵守事項等につき必要な事項を定めるものである。

2　本規程に定めのない事項につき個別の雇用契約に定めがある場合には、その定めるところによる。

**第2条（本規程の適用範囲）**　本規程の適用対象は、私傷病を原因とする欠勤が1か月に及び、休職を必要とする従業員とする。

**第3条（休職者）**　従業員が業務外の傷病により欠勤し、1か月を経過しても治らない場合、会社は従業員からの申請に基づき休職を命じることができる。ただし、本規程第6条（休職期間）に定める休職期間中に治癒（回復）の見込みがないと認める場合、会社は休職を命じないことがある。

**第4条（休職の要否判断）**　会社は前条における休職の要否を判断するにあたり、従業員からその健康状態を記した診断書の提出を受ける他、会社の指定する産業医もしくは専門医の意見を聴き、これらの意見に基づき要否の判断を行うものとする。

2　休職制度の適用を希望する者は、前項の判断を行うにあたり会社が必要と認める場合、会社に対して主治医宛の医療情報開示同意書を提出するものとする。

**第5条（休職発令時の調査）**　従業員は、会社が前条の検討を行う目的で、その主治医、家族等の関係者から必要な意見聴取等を行おうとする場合には、会社がこれらの者と連絡をとることに同意する等、必要な協力をしなければならない。

2　従業員が、前項で定める必要な協力に応じない場合、会社は休職を発令しない。

**第6条（休職期間）** 会社が本規程に基づき従業員を休職させる場合、休職期間は以下のとおりとする。

| | |
|---|---|
| 勤続年数が3年未満 | 無し |
| 勤続年数が3年以上10年未満 | 3か月 |
| 勤続年数が10年以上 | 6か月 |

2 復職後、同一又は類似の事由による休職の中断期間が3か月未満の場合は前後の休職期間を通算し、連続しているものとみなす。また、症状再発の場合は、再発後の期間を休職期間に通算する。休職期間が満了しても休職事由が消滅しない場合には、休職期間が満了する日の翌日をもって退職とする。

**第7条（休職期間中の待遇、報告義務等）** 休職期間中の賃金は無給とする。

2 休職期間は、退職金の算定期間における勤続期間に通算しないものとする。ただし、年次有給休暇の付与に関する勤続期間については通算するものとする。

3 休職期間中の健康保険料（介護保険料を含む）、厚生年金保険料、住民税等であって従業員の負担分について指定期限までに会社に支払わなければならない。

4 本規程に基づき休職する従業員は、休職期間中主治医の診断に従い療養回復に努めるとともに、原則として毎月、治癒の状況、休職の必要性等について、これを証する診断書等を添えて会社に報告しなければならない。

5 診断書作成費用等は、会社による別段の指示がない限り、従業員本人の負担とする。本規程第3条（休職者）の休職申請ならびに次条以降の復職申請においても同様とする。

**第8条（復 職）** 会社は休職中の従業員の申請に基づき、休職事由が消滅したと認められた場合には、当該従業員を旧職務に復帰させることとする。ただし、やむを得ない事情がある場合には、旧職務

と異なる職務に配置することがある。

2　復職後の職務内容、労働条件その他待遇等に関しては、休職の直前を基準とする。ただし、回復の状態により、復職時に休職前と同程度の質・量・密度の業務に服することが不可能で、業務の軽減等の措置をとる場合には、その状況に応じた降格・賃金の減額等の調整をなすことがある。

**第9条（復職申請と調査）**　本制度により休職した従業員が復職しようとする場合、所定の復職申請書と医師の診断書を提出しなければならない。

2　前項に基づく復職申請があった場合、会社は復職の可否を判断するため、必要に応じ、従業員に対し主治医宛の医療情報開示同意書の提出を求め、または会社の指定する医療機関での受診を命じることができる。

**第10条（復職の判定）**　会社は前条の調査により得られた情報をもとに専門医から意見を聴き、復職の可否および復職時の業務軽減措置等の要否・内容について決定するものとする。

**第11条（欠勤期間の中断）**　欠勤中の従業員が出勤を開始する場合、連続6勤務日以上の正常勤務（正常勤務とは1日の勤務時間が7時間以上をいう）をしない場合は欠勤期間は中断されないものとし、正常出勤期間を除き前後を通算する。

**第12条（リハビリ出勤制度）**　会社は、指定する医師の判断により休職中の従業員に対しリハビリ勤務を認めることが復職可否の判断に有益と認められる場合、休職者の申請に基づき、リハビリ出勤を認めることがある。

2　前項のリハビリ出勤は、復職可否の判定のために上記医師の指示の下に試行されるものとし、休職期間に通算する。

**第13条（リハビリ出勤中の賃金等）**　前条に定めるリハビリ出勤中の賃金については、休職前の賃金によらず、その就労実態に応じて無

給ないし時間給とし、その都度会社の定めるところによる。

**第14条（復職後の責務等）**　復職した従業員は、職場復帰後も、健康回復の状態、仕事の状況、職場の人間関係等について、所属長、健康管理スタッフ等に必要な報告を怠ってはならない。

2　復職した従業員は、復職後も治療を続ける場合は、服薬等について主治医の指示に従い、回復に努めるものとする。

附　　則

1　この規程は、令和○年○月○日に制定し、同日実施する。

2　この規程を制定・改廃する場合は、従業員の過半数代表者の意見を聴いて行う。

（制定・改廃記録）

制定　　令和○年○月○日

# 2 就業規則や社内規程で休職について定めておく

有給休暇との関係も問題になる

## ● 就業規則で定めを置く

　事業場の労働者すべてに適用される規程を置く場合には、その規程は**就業規則**の中で定める必要があります。休職制度は事業場の労働者すべてに適用されるので、就業規則の中で休職についての定めを置かなければなりません。就業規則に休職制度の定めを置く場合には、労働者代表からの意見聴取、労働基準監督署への届出、労働者への周知が必要です。原則として、これらの手続を欠いて成立した就業規則は効力を生じません。個々の労働契約のうち、就業規則の定める労働条件より不利な条項は無効になり、就業規則が定める基準によって労働契約の内容が決まります。

　就業規則は労働者に周知させる必要がありますが、周知の方法は限定されていません。実質的に労働者が就業規則の内容を理解している状態になれば、就業規則は「周知」されていることになります。また、就業規則の内容は合理性があることが必要です。労働者の権利を不当に制限する内容の就業規則は無効です。

## ● 私傷病休職と有給休暇の関係についても定めておく

　有給休暇には、年次有給休暇と特別有給休暇があります。年次有給休暇は法律で定められている有給休暇なので、企業の判断で期間を減らすことはできません。しかし、特別有給休暇は年次有給休暇の他に企業が特別に認める有給休暇であるため、自由な制度設計が可能です。特別有給休暇は慶弔休暇と呼ばれる、身内の結婚、死亡などについて有給の休暇を与える制度が一般的です。一方、最近では、私傷病やボ

ランティア、教育訓練時にも数日間の有給休暇を与える企業も多いようです。

　私傷病休職制度と特別有給休暇制度は、どちらも企業が任意に設ける制度です。そのため、企業としては、特別有給休暇が残っている労働者に対して休職命令を出すことも可能です。ただし、私傷病休職制度と特別有給休暇の関係は明確にしておく必要があります。特別有給休暇が残っているのにもかかわらず企業が休職命令を出した場合、休職命令が出されると労働者は通常の賃金を受け取ることができないため不満を持つ可能性もあります。そのため、特別有給休暇が残っている労働者に対して休職命令を出すような場合には就業規則に明確な規定を置き、労働者に周知させる必要があります。

## ◉ 休職規定を変更するには

　休職制度を変更することは労働者の労働条件を変更することを意味します。労働条件の変更を行うには、就業規則の変更、労働協約の締結、労働者の個別同意をとる、の3つの方法があります。

① 就業規則の変更

　就業規則は、企業の側の判断で変更することが可能です。しかし、就業規則を労働者側に不利になるよう変更する際には注意が必要です。

### ■ 就業規則を変更して休職規定を置く場合の手続きの流れ ………

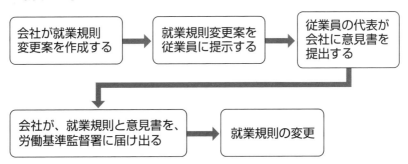

新しい就業規則を作成したり、就業規則の内容を変更することで労働条件を労働者に不利になるよう変更することは原則としてできません。ただし、合理性があれば労働者の側に不利になるような就業規則の変更も可能です。そのため、就業規則を変更する際には、労働者の労働条件を不利に変更するものでないか、就業規則の変更が労働者に不利になるものであれば、その就業規則の変更に合理性があるかといったことを慎重に検討することが必要です。

② **労働協約による変更**

　**労働協約**とは、組合員の賃金や労働時間などについて定める企業と労働組合との間の書面での約束のことです。労働協約を変更することで労働条件を変更することもできます。労働協約と矛盾する労働契約は無効になり、労働協約で定めた条件が適用されます。労働組合は組合員によって成り立っている組織です。そのため、労働組合と企業とが合意したことについて、原則として組合員は拘束されます。ただし、組合の中で適切に意見集約がなされていなければ、企業と組合とが合意したとしても、その合意は組合員に対して効力をもちません。また、一部の組合員に不利益を強いることを目的とした組合と企業との間の合意は効力を有しません。労働協約の効力は、原則として非組合員に対しては及びません。しかし、事業場の労働者の4分の3以上が労働協約の適用を受けている場合には、その事業場のすべての労働者が労働協約の適用を受けます。

　前述した就業規則は、企業の側が決めることができるものですが、労働協約は労働者の代表である労働組合と企業との間の合意によって決められます。そのため、労働協約と就業規則とが矛盾する内容になっている場合には、労働協約の方が優先します。

　ただ、そもそも就業規則と労働協約が異なる内容になってしまうことは企業運営の中で避けるべき事態です。そのため、一方を変更する際には、同時にもう一方も変更するための手続をとるべきだといえます。

③　労働者個別の同意をとる

　労働者の労働条件は、企業と労働者との間の労働契約の内容によって決まります。そのため、個別に労働者の同意をとることができれば、労働者の労働条件を変更することができます。

　労働者と個別の同意をとる場合には、就業規則と矛盾しないようにする必要があります。実務的には、すべての労働者の同意がとれた段階で、就業規則の変更を行うのがよいでしょう。

## ● どのようなやり方が望ましいのか

　方法については、労働者の多くが加入している労働組合がある場合には、その労働組合と労働協約を締結するのがよいでしょう。労働協約と就業規則の内容が矛盾しないように、労働協約を締結した場合には、同時に就業規則も変更します。

　労働組合が存在しない場合には、就業規則の変更によって対応する必要があります。就業規則の変更を行う場合には、労働者の理解を得るために事前に労働者に対して変更の内容を説明します。

### ■ 就業規則の不利益変更についての考え方 ……………………………

　┌ 原 則 … 労働者の同意がなければ無効
　└ 例 外 … 変更の必要性があり、合理性があれば有効

合理性の判断基準

以下の事項を総合的に判断する

● 不利益の程度　　　　　● 他の従業員の対応
● 変更後の条件の水準　　● 同種他社の水準
● 代償措置の有無　　　　● 社会通念（一般常識）
● 労働組合の対応　　　　● 職場規律のための変更の必要性

## ● 前の休職と後の休職期間の通算は可能なのか

　休職期間の通算とは、最初の休職→職場復帰→二度目の休職という流れで労働者が休職した際に、最初の休職と二度目の休職を合算することをいいます。休職する場合、あらかじめ期間が決められています。そのため、「休職期間は10日にする」という規定になっている場合、最初の休職と二度目の休職を合算できなければ、労働者は合計20日間休職できることになります。逆に、通算できるとすれば、労働者は合計10日間までしか休職できないことになります。休職制度は、制度を設けるかどうかを含めて企業の側が決めることができます。そのため、同じ原因で休職する場合には、休職期間を通算するという規定を設けることができます。

## ● 休職制度の廃止や変更は可能なのか

　休職命令を出すために必要な欠勤期間を短くすることは、労働者にとって不利益な労働条件の変更になります。

　前述したように、労働者にとって労働条件を不利益に変更する方法には、就業規則の変更、労働協約の締結、労働者の個別同意を得る、3つの方法があります。

　労働者の個別の同意をとることは、手続に時間がかかる可能性が高いといえます。そのため、通常は労働協約の締結や就業規則の変更といった手続を経ることで休職制度の内容の変更を行います。

## ● 具体的な休職制度の不利益変更

　休職制度にはさまざまな種類のものがあります。それぞれの休職制度を廃止することができるのかを見ていきましょう。

### ・起訴休職制度

　起訴されようとしている労働者がいなければ、起訴休職制度の内容を変更したとしても大きな問題は生じません。現に起訴されて休職し

ている労働者がいる場合には、その労働者に対しては休職制度を利用し続けることができるように配慮をする必要があります。たとえば、起訴休職制度を廃止するが、起訴されている労働者に対しては経過措置（制度の変更によって不利益を受ける者がいる際に、不利益を受ける者に対して配慮した措置）として起訴休職制度を利用し続けることを認めます。

・組合専従による休職

組合活動を行うことによる休職制度を廃止すると、組合活動を行っている労働者は不利益を受けます。そのため、労働組合の代表者と協議をして、どのような形で組合専従による休職制度を廃止するのかを決める必要があります。

・私事による休職制度

私事による休職制度を廃止することは労働者にとっては不利益なことです。そのため、現に私事による休職制度を利用している者が影響を受けることがないような形で、私事による休職制度を廃止する必要があります。

・出向による休職

他社に出向している労働者を休職扱いにするのかどうかは、労務管理上の問題です。特に出向している労働者の待遇に変化がなければ、出向による休職制度を廃止しても、労働者に対する不利益変更にはなりません。

■ 前の休職と後の休職の通算 ……………………………………

「同一の休職事由による休職期間は１か月とする」と規定する場合

通算すると

10日休職　出勤　20日休職

両方の休職について、合計して30日（１か月）休職できる

# 3 休職をめぐるさまざまな問題について知っておこう

休職期間満了による退職は規定の明文化が大切

## ● 休職期間を満了するとどうなる

　休職は労働基準法には特別な定めはなく、一般的に就業規則で定められます。休職事由やその期間も会社が任意に定めることができます。ほとんどの場合、休職事由に応じた休職期間が設定されますので、休職期間満了と同時に復職することになります。しかし、休職事由が私傷病（労災とならない病気や負傷）の場合は、その治療期間が病状によりまちまちです。場合によっては治癒しないまま休職期間が満了してしまうことがあります。休職期間の満了時に休職事由が消滅していない場合の取扱いも、就業規則で定めることになりますが、一般的な運用では自然退職や解雇ということになります。確かに、労働者の長期の休職は、使用者にとっても業務的・経済的にも大きな負担になります。特に復職が期待できない場合には、新しい人員を雇用するという判断も考えられるところです。しかし、休職者を退職させるにはその判断には合理性が必要です。復職が可能であるにもかかわらず、故意や過失により、退職させてしまうと、退職が無効であると同時に、使用者に損害賠償義務が発生する恐れもあるため注意が必要です。

　この場合で気をつけなければならないのは、解雇として扱うときです。休職期間満了で復帰できないからといって懲戒解雇にはできませんので、解雇とする場合は通常の解雇の手続きによることになります。一方、自然退職の場合は、就業規則にきちんと規定しておけばトラブルは避けられるでしょう。書式例としては、「休職期間満了時までに復職できないときは自然退職とする」といった規定となります。つまり定年到達と同じように、期日の到来により労働契約が終了します。

休職は、労働者の健康管理の観点から発生した制度なので、会社にとって、また、労働者にとってどのようなしくみが最適なのかを検討することが重要だといえるでしょう。

## ◉ 休職期間中に定年を迎えるとどうなる

　定年は就業規則に定めることで、その年齢に達した時に労働契約が終了します。ただし注意したいのが、会社に対応をゆだねられている再雇用や継続雇用の制度です。「高年齢者等の雇用の安定等に関する法律」により、定年を定める場合は60歳以上とすることが義務付けられている他、高年齢者雇用確保措置（65歳以上までの再雇用や継続雇用など）が求められています。定年自体を65歳以上に設定する会社もありますが、多くの会社は60歳定年のまま、再雇用または継続雇用の制度を導入しています。その場合に、休職期間中に定年を迎えた労働者を再雇用または継続雇用するかが問題となります。

　高年齢者雇用確保措置では、再雇用や継続雇用について原則として希望者全員を対象としています。ただし経過措置として、平成25年（2013年）3月31日までに継続雇用の対象者の選定基準を労使協定で定めていた場合には、令和7年（2025年）3月31日までに限り、選定基準に該当しない一定の年齢の労働者を継続雇用しないことができます。

　しかし、労使協定の定めがない場合であっても、心身の状態や勤務態度が著しく悪いために労働者としての職責を果たせないなど、就業規則で定める解雇事由や退職事由に該当する場合であれば、例外的に継続雇用しないことができるとするのが厚生労働省の見解です。したがって、就業規則で解雇条項や退職条項を定めておくことで、休職期間中の労働者の継続雇用を断ることが可能になります。

# 4 休職命令など不利益処分の出し方はどうする

体調不良の社員に休職命令ができるようにしておく

## ● どんな場合に休職命令を出すのか

ほとんどの場合、休職は労働者本人からの請求によりますが、客観的に就業できない状況にもかかわらず、本人に休職する意思がないときは、会社が命令で休職させることがあります。ただし、休職命令は不利益処分になるため、これを行う際には十分な注意が必要です。

会社が休職命令を出すときは、労働者の体調が悪いのに、責任感や焦燥感から会社を休むことができず、出勤してしまう場合です。特に「うつ病」などメンタルヘルス疾患による場合が多いようです。会社が休職命令を出して休職させるためには、まず、就業規則に規定する必要があります。伝染性の病気の場合、労働安全衛生法を根拠に本人の意思に反して休ませることはできますが、それ以外の場合、就業規則に規定がないと会社に安全配慮義務や健康管理義務があるとはいえ、本人の意思に反して休ませることは難しくなります。

次に、労働者を休職させるだけの根拠が必要です。本人が医師の診察を受けていても、都合の悪い情報（たとえば「休養が必要」などの情報）は提出されません。会社が契約する産業医や医療機関の面談を受けてもらい、その医師の意見を基にして休職命令を出します。

なお、会社指定の産業医や医療機関の面談を受けてもらうことを強制しなければならない場合がありますので、そのことも就業規則に明記する必要があります（34ページの私傷病休職規程第4条参照）。

休職期間中の賃金の支払いについては、会社が決めることができますが、健康保険の傷病手当金（53ページ）などの利用ができます。

## ● 休職命令を出すときの注意点

休職命令を出す際には、まずは労働者側に休職事由があることを確認することが必要です。休職期間の賃金を支払わないという形で休職制度を整備していた場合、休職期間中、労働者は賃金を受け取ることができません。そのため、休職命令を出すかどうかは慎重に判断することが必要です。具体的には、病気やケガを原因として休職命令を出す場合には、労働者に医師の診断書を提出してもらいます。医師の診断書を見て、労働者が勤務可能かどうかを判断し、勤務が不可能な場合に労働者に対して休職命令を出します。

当然のことですが、休職制度そのものが合理的なものであることが前提です。労働者が勤務できる状態であるにもかかわらず、合理的な理由もなく休職させるような制度を置くことはできません。

## ● 休職命令の定め方はどうする

休職命令の出し方にはさまざまな方法があります。通常は、医師の診断書を基準にして休職の期間を決めます。そして会社は、具体的な休職期間の他、給与や復職などの取扱いについて記載した**休職命令書**（49ページ）を、休職を命じる労働者に通知します。医師の診断書において、「回復に2か月を必要とする」と記載されていれば、2か月間を休職期間とするのが基本です。2か月が経過した段階でさらに休職期間が必要な場合には、その時点で新たに休職命令を発令します。

また、就業規則で決められた期間を休職期間として休職命令を出し、休職期間中に復職が可能になれば、その時点で労働者に申し出てもらうという方法もあります。休職命令を出す際はもちろん、復職の際にも労働者には医師の診断書を提出してもらいます。労働者の申し出を受けてから、復職命令を出します。

他にも、「労働者の休職事由が消滅するまで休職を命じる」といった形式で休職命令を出すことも可能です。この場合は、あらかじめ具

体的な休職事由を就業規則に定めておく必要があります。

## ● 休職命令の取消しはできるのか

　休職命令が発令されても、その後の状況によって休職命令を取り消すことは可能です。休職制度は任意的制度であるため、これを設けても設けなくてもかまいません。休職命令の取消しの定めがあればそれに従うことになりますし、なければ休職の種類、事情の変化などを総合的に評価して適切な判断をすることになります。

　ただ、休職の内容によっては、一定の事情が生じた場合に、会社が休職命令を取り消し、労働者を復職させなければならないことがあります。たとえば、私傷病休職の場合、病気やケガが治ったときは当然に復職させるべきです。出向による休職が終了した場合など、使用者が必要と認めた場合の休職については、使用者の都合によるわけですから、休職命令は取り消され、復職させなければなりません。

　一方、自己都合による休職、公職就任による休職、組合専従による休職については、休職を命じた事由・問題が解消された後も、当然には復職させなくてもよいと考えられています（ただし、労働者の意思による復職を認めることは可能です）。自己都合休職については、単純に自己都合であるため、必ずしも復職させる必要はありません。公職就任については、議員への当選など、事実上転職となる公職就任の場合は、会社も復職を想定していないため、後から当選無効になったとしても、当然に復職させなければならないことにはなりません。

　組合専従は単純な自己都合ではないかもしれませんが、広い意味で自分の意思による休職のため、会社が当然に復職させる必要はないでしょう。起訴休職については、無罪になった場合、復職させることが義務なのかは見解の分かれるところですが、無罪になったからといって発令当初の判断が常に無効とされるわけではありません。

<br>

**休職命令書**

令和○年○月○日<br>
○○部○○課

○○○○殿



　上記の者を就業規則第○条に基づいて休職を命ずる。条件は下記のとおりとする。

記

1　休職の期間　（自）令和○年○月○日
　　　　　　　　（至）令和○年○月○日
2　給与　　　　就業規則休職規程による。
3　復職　　　　休職事由解消の際には、期間の満了を待たずに復職を求めることがある。
　　　　　　　　また、期間満了に至っても休職事由が解消されない等の事情がある場合は期間を延長することがある。

以上

株式会社○○○○<br>
代表取締役社長○○○○　㊞

# 休職中の社員の管理はどうすればよいのか

うつ病の休職者には負担をかけずに連絡し合うこと

## ● 定期的に連絡をする

休職中は、出勤しないで療養に専念することになるので、休職者との連絡をしなくなってしまうこともあり得ます。しかし、病気静養中だからといって休職者との接触を敬遠するのではなく、十分な情報提供をして、精神的な孤独や復職できるかなどの不安を解消することや相談できる場を設けることが重要です。もっとも、これを休職者の報告義務としてしまうと休職者にとって大きな負担となりますので、その方法には注意が必要です。

休職者との連絡においては、電話ではなくメールを活用するとよいでしょう。電話だとタイミングによっては休職者にとって苦痛になることもありますが、メールであれば体調のよい時に対応できるので、負担が軽くてすみます。しかも文字として記録が残るという利点もあります。また、連絡の窓口は一本化することも大切です。複数の人から接触されるのは休職者にとってストレスとなることもあります。日頃の仕事の直接の上司、部下、同僚より、離れた位置にいる労務担当者の方がよいでしょう。

## ● 病状の確認と復職の判断

うつ病からの復職には時間がかかります。このタイミングを誤り、早く復職させてしまうと再発のリスクが高まります。順を追って職場復帰を考えるようにしましょう。まず、「朝決まった時間に起きられる」「三度の食事がきちんととれるようになった」など、日常生活が送れるようになったかどうかについて確認します。その後、外出でき

るか集中力が回復しているかを確認します。

　次に主治医との連絡が取れるようにします。復職には休職者本人と主治医の許可が必要なので、協力が得られるようお願いします。休職中の情報収集は、職場復帰には不可欠なものとなります。「規則だから」「仕事だから」と休職者にプレッシャーをかけるようなことはせず、休職者が安心できる環境を醸成していくことが大切です。うつ病を発症した場合、その完治には時間がかかります。一方で会社の規定する私傷病での休職期間は、うつ病を想定していないケースが多く、比較的短い期間が設定されています。そのため、休職期間満了後も復職できないこともあります。

　責任感の強い休職者ほど完治していなくても復職しようとします。しかし、無理して復職すると再発してしまいますので、主治医の意見を基に休職者、労務担当者、産業医でしっかりと話し合い、通常の勤務ができる状態であるかを確認することが必要です。

## ● 解雇の有無について

　休職期間が満了して復職できない場合は、社員を解雇することができます。ただし、あらかじめ就業規則に明確な記載がある場合に限ります。また、解雇の場合は解雇予告が必要になりますので、自然退職とした方が会社の負担は軽減されます。

　一方、休職中という仕事ができない状態で会社を辞めることは、休職者にとっては大きな不安があります。最低限、経済的不安を解消するため、傷病手当金（53ページ）の継続給付や休業補償給付（160ページ）の継続給付などの権利について説明するとよいでしょう。

　なお、うつ病の発症が業務上の疾病となるのは、原則として労災と認定された場合（99ページ）であり、療養期間中とその後30日間は解雇することができませんので注意が必要です。

# 6 休職中の賃金や有休取得の問題にはどう対処すればよいのか

個々のケースや企業により異なる

## ◉ 休職期間中の取り扱いについて

　休職中も労使関係は解消されずに存続しているため、就業規則は原則として適用されることになります。ただ、休職中は労務の提供はなく、労働者側の事情によるものであれば、休職事由も使用者に責任があるわけではありません。したがって、一般的にはノーワーク・ノーペイの原則（欠勤・遅刻・早退といった理由で労働者が労働しなかった時間については、その分の賃金は支払われないという原則）によって休職期間中の賃金を無給とするケースが多いようです。給与の中には、基本給、職務給、職能給、住宅手当、家族手当などがあります。賃金設計は企業の側が決めることができるので、休職期間中にこれらの給与を支払うかどうかは企業の側で決めることができます。

## ◉ 有給や退職金などの勤続年数の算定などはどうする

　このように、有給とするか無給とするか、休職期間を勤続年数に算入するかどうかは、個々の休職のケースや企業によって違ってきます。有給休暇を取得できるかという点や、退職金の額は勤続年数によって変わりますが、休職期間を勤続年数に算入するかどうかは企業が決めることができます。

　私傷病休職の場合、本人には、休業4日目より健康保険から1日あたり標準報酬日額の3分の2の傷病手当金が支払われることになります。ここで注意しなければならないのは、傷病手当金と会社から支給される賃金との兼ね合いです。私傷病休職中の期間について会社が1日あたり標準報酬日額の3分の2以上の賃金を支給した場合は、傷病

手当金は不支給となりますが、会社が支払った賃金が3分の2に満たない場合には差額が支給されることになります。たとえば、会社側が休職中の生活を配慮して、標準報酬日額の半分の賃金を支給した場合、賃金の3分の2との差額である賃金の6分の1だけが傷病手当金として支給されます。同様に3分の1だけ賃金を支給した場合は、傷病手当金は賃金の3分の1に相当する額が支給されます。要は、会社から支給される賃金が通常の3分の2未満である場合、本人の受け取る総額はほぼ変わらないということです。

## ◉ 規定が明確に定められていない場合はどうなる

　休職期間中の給与や賞与について規定が明確に定められていない場合、休職についての規定を合理的に解釈することで給与や賞与を支払うべきかどうかが決まります。その際に参考にするのは他の規定です。たとえば、労働者が欠勤した際の給与についてどうするかについての規定がある場合には、その規定と整合性があるかどうかの解釈を行う必要があります。

　また、過去の慣例も参考にします。過去に休職した労働者に給与を支払っていたかどうかによって、現在休職している労働者に給与を支払うかどうかを決めます。

■ 傷病手当金の支給金額 ……………………………………………

標準報酬日額の3分の2　標準報酬日額

| 報酬 | | |
| --- | --- | --- |

傷病手当金は
支給されない

| 報酬 | 傷病手当金 |
| --- | --- |

| 報酬 | 傷病手当金 |
| --- | --- |

## ◉ 休職期間中に有給休暇を取得、行使できるか

**年次有給休暇**とは、労働基準法上認められている制度で、所定休日とは別に給料をもらいながら労働が免除される休暇です。

継続勤務期間に対して、8割以上出勤した労働者は年次有給休暇を取得することができます。

休職と有給休暇では、趣旨は異なりますが、「仕事を休む」という点では共通した制度です。休職と有給休暇が重なる場合（休職期間中に有給休暇を取得・行使できるか、あるいは休職期間満了後に退職となり、有給休暇を行使できるか、という問題）、を考えてみましょう。

この問題には、以下のような行政通達が出されています。

「休職発令により従来配属されていた所属を離れ、以後は単に会社に籍があるにとどまり、会社に対して全く労働の義務を免除されたこととなる場合において、休職発令された者が年次有給休暇を請求したときは、労働義務がない日について年次有給休暇を請求する余地のないことから、これらの休職者は、年次有給休暇請求権を行使できない」（昭31.2.13基収第489号）。つまり、年次有給休暇は、労働義務のある日に取得する休暇であるため、労働義務のない休職期間中に取得できるものではありません。

「年休を先に取得し、その後休職期間に入る」もしくは「先に休職期間を設け、期間経過後にさらに年休を取得する」といった取扱いであればかまいませんが、休職期間中に労働者が年休の取得を請求してきても、会社は認める必要はないといえます。

### ■ 規定があるかないかで変わってくる ……………………………

休職中の賃金 → 明確な規定がある → 規定に沿って賃金を支払うかを決める

休職中の賃金 → 明確な規定がない → 類似の規定・過去の慣例から賃金を支払うかを決める

**新型コロナウイルスに感染した場合の休業について教えてください。**

新型コロナウイルスに感染したことで会社を休まざるを得なくなった場合や、家族がウイルスに罹患し、症状はないが濃厚接触者となってしまった場合など、さまざまなケースが存在します。会社側にとってはそれぞれのケースで、どのように休業させればよいのか、賃金の支払いは必要なのかを確認しておく必要があります。

まず、従業員本人が、新型コロナウイルスに罹患して発熱などがある場合です。この場合には、労働者都合としての休業となり、会社は欠勤として扱うことができます。従業員が年次有給休暇の取得を希望する場合には、取得させることもできます。また、会社から賃金が支払われない場合には傷病手当金を請求することができます。

次に、家族等が新型コロナウイルスに感染したことで、従業員本人に自覚症状がない場合です。この場合には、個別具体的な事情によって異なる場合はありますが、在宅勤務などで職務の継続が可能である従業員を会社都合で休ませる場合には、休業手当の支払いが必要というのが厚生労働省の見解です。会社が休業手当の支払義務を免れるためには、使用者の責に帰すべき事由にあたらないということが必要です。厚生労働省は、具体的に①その原因が事業の外部より発生した事故であること、②事業主が通常の経営者として最大の注意を尽くしてもなお避けることのできない事故であること、の2つの要件を満たすものでなければならないと示しています。

そして、新型コロナウイルスの感染予防のため営業自粛によって会社全体を休業するような場合には、上記の2つの要件を満たすことにはなりますが、在宅勤務を推奨するなど可能な限り休業を回避する努力をすることを求めています。また、休業手当を支払うことで雇用調整助成金を受給できるなどの金銭的支援を利用することもできます。

**Q** 新型ウイルスによる感染拡大の関係で従業員を会社都合で休ませた場合の休業期間中の副業と休業補償の支払いの関係を教えてください。

**A** 「使用者の責に帰すべき事由」による休業の場合、労働基準法では平均賃金の100分の60以上の休業手当の支払いを義務付けています。そのため、副業で所得があったとしても、本業の平均賃金の6割以上の休業手当を支給する必要があります。その一方で、平均賃金の6割を超える休業手当を支給をしていた場合には、6割を超える部分について副業の所得と調整することは可能です。たとえば、平均賃金の8割を支給していた場合には、6割との差である2割については副業の所得の兼ね合いを考慮して支給しないとすることができます。もっとも、休業手当と副業の所得との調整については、従業員の生活にも配慮して、十分に話し合った上で検討するのがよいでしょう。

■ **休業手当の支払いが必要な場合** ………………………………

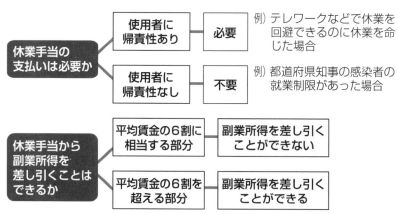

**休業手当の支払いは必要か**
- 使用者に帰責性あり → 必要 ｜ 例）テレワークなどで休業を回避できるのに休業を命じた場合
- 使用者に帰責性なし → 不要 ｜ 例）都道府県知事の感染者の就業制限があった場合

**休業手当から副業所得を差し引くことはできるか**
- 平均賃金の6割に相当する部分 → 副業所得を差し引くことができない
- 平均賃金の6割を超える部分 → 副業所得を差し引くことができる

**Q** 裁判員に選ばれた場合の休職取扱いはどうすればよいのでしょうか。

**A** 裁判員休暇を設定するメリットに、企業が裁判員制度に理解を示しているという対外的評価があります。また、「裁判員に選ばれるとどのような扱いを受けるのか」ということについて不安に思う労働者もいると思われますが、会社として制度化しておけば、労働者は自分の処遇をあらかじめ知ることができます。

裁判員休暇を新たに設定する場合、就業規則または休暇規程を変更し、規定を定めます（次ページの規定例参照）。

●**具体的にどんな規定を置くか**

裁判員休暇には、無給と有給の場合が考えられます。

有給の考え方として、有給分の支払いと裁判員日当の二重取りにならないように当該労働者の平均賃金と裁判員日当との差額を補償する方法があります。

休職期間の定め方についても工夫が必要です。裁判所ウェブサイト2020年度の裁判員裁判の実施状況よると、第1回公判から終局までの平均実審理期間は12.1日で、約6割は10日以内に終局しています。事件によってはもっと延びる場合もあります。こうした、従事期間が当初からはっきりしないという、裁判員制度特有の事情に柔軟に対応する必要があります。

考えられる方法としては、まず、労働者に呼出状記載の職務従事予定期間を一括休暇申請してもらいます。そして、実際に従事した日数だけ休暇として扱い、予定期間が延びてしまった場合には追加の休暇を申請してもらう、というのが理想的です。

●**労働条件との関係はどうするか**

賞与については、月例賃金の延長としての賞与と、業績分配としての賞与に分けて考えます。

まず、月例賃金の延長としての賞与の場合です。出勤率は、現実に働いていないのでカウントする必要はありません。査定にあたっては、その期間以上にマイナスの評価はできません。

　次に業績分配としての賞与の場合です。この場合、出勤率を考える必要はありません。賞与決定の要素はあくまでも成果であり、出勤率は関係ないからです。査定についても考える必要はありません。査定期間中の成果だけを評価するので、裁判員活動日数は関係ないからです。労働時間については、公判が終わり出社して仕事をすれば、当然労働時間となります。

　また、公判期日の休憩時間中にＰＣで仕事をする、あるいは電話で業務連絡をすれば、労働時間としてカウントされます。精勤手当等、皆勤を前提に設計された賃金の場合、現実に出勤していないわけですから手当支給要件を満たしません。

### ■ 裁判員休暇について規定する就業規則・社内規程の条項 ………

第○条　（裁判員休暇）
　１　従業員から以下の申し出があった場合、第○条に規定する年次有給休暇とは別に裁判員休暇を与える。
　　①　裁判員候補者として裁判所に出頭するとき
　　②　裁判員または補充裁判員として裁判審理に参加するとき
　２　前項の休暇は無給とする。

# 7 公職に就任した場合の休職取扱いはどうすればよいのか

選挙権行使と長期間に渡る議員就任等を分けて考える

## ● 公職就任とはどんな場合か

　たとえば、労働者が労働時間中に選挙に行ったり、議会の議員として活動することを、「公民としての権利行使」「公の職務執行」といいます。

　公民としての権利には、公職選挙の選挙権・被選挙権、最高裁判所裁判官の国民審査、地方自治法上の住民の直接請求、特別法の住民投票などがあります。この中でも、選挙権は一般の国民であれば必ず関係します。投票日は通常日曜日ですので、投票日と出勤日が重なった場合、何らかの配慮をしなければなりません。最近では期日前投票も定着しましたので、使用者としては以前より柔軟な対応ができるようになりました。公の職務とは、各種議会の議員、労働委員会の委員、検察審査会の審査員、公職選挙の立会人、裁判所・労働委員会の証人、裁判員、労働審判制度における労働審判員などです。公職選挙の立会人、裁判所の証人、裁判員などは、正当な理由がなければ拒否することができず、必ずしも自らの意思でなるわけではありません。

　一方で、議員などは純粋に自らの意思でなるわけです。さらに、議員は一度就任すると、長期間に渡って休職することになります。

　使用者は公民としての権利行使のための時間を請求された場合には、拒むことはできません。ただし、公民としての権利行使活動に妨げがない範囲で、請求された時刻を変更することができます。たとえば、選挙に行く時刻を使用者側から変更することができます。

## ◉ 休職制度を設定する場合の注意点

　休職制度を設定する場合には、ノーワーク・ノーペイの原則（52ページ）と公民権の保障とのバランスを考慮します。

　まず、公職就任期間は休職となります。休職期間中の賃金は無給となり、賞与は対象となる査定期間において無給となります。

　日本の多くの退職金制度は、退職時の賃金に勤続年数から導いた係数を乗じて計算します。この勤続年数に、公職就任による休職期間は含まれません。年休要件の継続勤務期間における出勤率8割について、公職就任による休職期間は含まれません。つまり、公職就任による休職期間が何年にも及ぶときは、その期間の年次有給休暇の付与はありません。

## ◉ 準備期間中の者の取扱いはどうする

　使用者は、労働者より公民の権利として、公職就任のための時間を請求された場合には、拒むことはできません。しかし、市議会議員に立候補した時点では単なる準備期間です。当選するかどうかもわかりませんので、公民の権利とはいえません。したがって、準備期間中は休職扱いにする必要はありません。

### ■ 公職に就任する場合の休職取扱いのまとめ ⋯⋯⋯⋯⋯⋯⋯⋯

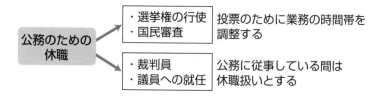

# 8 起訴休職制度について知っておこう

一時的な感情により対応を誤らないようにする

## ● なぜ起訴休職制度を設ける必要があるのか

労働者が刑事事件で逮捕、起訴されてしまったような場合には、その事実は報道され、世間に知れ渡ることになります。そのような状態で、そのまま労働者を就業させておくのは適当ではありません。労働者の職務内容、公訴事実の内容によっては、使用者の職場秩序や社会的信用に傷がつきます。また、逮捕、起訴の状態では現実に就労することはできず、ノーワーク・ノーペイの原則（52ページ）からも、そのまま放置しておくわけにはいきません。

一方で、逮捕、起訴は労働者の意思によるものではありません。それに加えて、通常の休職期間は無給であるため、安易な休職発令は労働者にとって甚大な不利益となります。裁判例によれば、起訴されただけで休職扱いにすることを認めず、次のような項目から休職の必要性を総合的に見て判断しています。

① **企業の対外的信用が失墜している**

起訴事実が軽微なものかどうか、マスコミ報道や取引先への影響度合いはどの程度か。

② **企業秩序の維持に障害が生じている**

被起訴者の地位、業務内容、起訴内容が業務と関連しているかどうか、職場の混乱状況はどうか。

③ **継続的な労働や企業活動の円滑な遂行に支障が生じている**

身柄拘束がされているかどうか。

起訴されたからといって、すべて休職が認められるというわけではないので注意しましょう。いきなり休職扱いにしないで、配置替えな

どで対応できるか検討すべきです。

　会社としては、「自社の従業員が起訴される」ということ自体あまり想定していない事態ですから、一時的な感情による誤った対応をしてしまう可能性もあります。その点、あらかじめ就業規則に起訴休職制度を規定しておけば、規定に基づく措置をとることで、不適切な対応をしてしまうリスクも減らすことができます。

## ◉ 起訴休職が無効とされた場合はどうなる

　起訴休職が無効とされた場合は、もともと休職がなかったものとされます。この点、後述する無罪判決がでた場合とは異なります。休職がなかったものとされることにより、以下のような結論になります。

　賃金は、休職命令がなければ支給された金額を支払わなければなりません。賞与は、休職命令がなければ支給された金額と現実に支給された金額との差額を支払う必要があります。

　さらに、労働者の精神的苦痛に対して、慰謝料が認められることがあります。

## ◉ 無罪判決が下されたような場合の扱いはどうなる

　まず、無罪判決が出た場合と、起訴休職が無効と判断された場合の違いを理解しましょう。この2つはまったく別の問題なので、必ずしも「無罪判決＝起訴休職の無効」ではありません。無罪判決になっても起訴休職が有効のままの場合もありますし、有罪判決になっても起訴休職が無効と判断される場合もあります。

・**無罪判決が出た場合**

　労働者が無罪となった結果、自動的に起訴休職命令が無効となってしまうと、それに伴い使用者は相当の補償をしなければなりませんが、起訴休職発令後に無罪判決となった場合でも、起訴休職命令は直接的には影響を受けません。つまり、無罪判決が出ても、自動的に起訴休

職が無効と判断される（職場復帰ができる）わけではありません。

　起訴休職命令は、発令時点（逮捕、起訴の時点）で使用者の判断が正しかったか誤っていたかが問題になります。その後で無罪になったとしても、必ずしも起訴休職発令が誤りとはいえません。

　たとえば、「刑事裁判の結果無罪になったが、起訴休職命令に誤りはなかった。したがって、長期間に渡る刑事裁判期間の賃金、賞与を負担する必要はない」という結末もありえます。

　では、一審で無罪判決となり、検察側が公訴している段階で起訴休職命令を取り消すべきでしょうか。裁判例は必ずしも取り消す必要はないとしています。したがって、その時点で、改めて起訴休職を継続すべきかを判断することになります。

**・起訴休職命令自体が無効と判断された場合**

　次に、起訴休職が無効だった場合を検証してみましょう。まず、休職がなかったことになりますので、使用者は休職期間中の賃金、賞与を負担しなければなりません。さらには、慰謝料を請求されるリスクもあります。したがって、使用者としては、慎重に起訴休職命令を発令しなければなりません。

■ **起訴休職の取扱いの原則と例外** ……………………………………

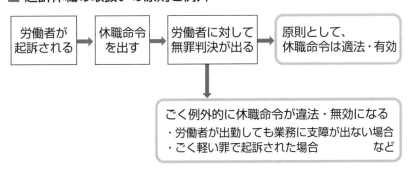

# 9 組合専従者の休職制度について知っておこう

賃金の支払いや退職金、年休の付与については認められない

## ● なぜ組合専従者への休職制度を設ける必要があるのか

　組合専従者とは、労働組合の役員が従業者の地位を保持したまま組合業務に専従する者です。

　本来であれば、労働組合と使用者は対立する立場にあるわけですから、組合専従者が使用者から支配されるような介入があってはならないわけです。賃金の支払いも、労働組合に対する支配介入の一形態であるため認められません。しかし、完全に退職することもできませんので、組合専従者となる労働者については休職という処分で対応することになります。

　また、労働組合法上の労働組合の要件との関係があります。労働組合法では独自の労働組合保護制度を設けていますが、そうした保護を受ける要件のひとつに、使用者から経費援助を受ける団体を保護の対象外としています。組合専従者が賃金を受け取ると、使用者から経費援助を受ける団体として労働組合法の保護対象から外れてしまいます。こうした理由により、休職制度を設けて、休職期間中は無給ということになっています。

　なお、裁判例では、許される経費援助の範囲を拡大解釈する傾向にあるため、組合事務所の光熱費負担、組合休暇、就業時間中の有給での組合活動等については、使用者の支配介入と見られたり、労働組合法上の保護が受けられる労働組合としての要件不該当になることは、めったにありません。しかし、そうだとしても組合専従者に対する賃金の支払いや退職金、年休の付与については認められないといえるでしょう。

## ● 労働条件の扱いはどうなる

　組合専従者への休職期間中の賃金、退職金、年休の取扱いについては、支配介入にならないようにしなければなりません。

　給与については、前述したように原則として無給となります。例外として、従業員としての地位に基づく支払い（たとえば、住宅補助や社宅の提供）であれば労務提供の対価にあたらない（支配介入にあたらない）と考えられます。一方で、家族手当等の生活保障的手当は微妙なところです。

　賞与については、賞与対象期間から組合専従期間を控除して計算されるべきでしょう。つまり、賞与の対象期間すべてにおいて組合専従していた場合、賞与を支払うことはできません。賞与の支給形態が成果に基づく支払いということであれば、組合専従している期間以外の成果で支給の可否・金額を判断することになります。

　退職金については、組合専従期間を退職金算定期間に含めるべきではありません。労働組合との合意により算入することは可能ですが、実質的には、支配介入になるという裁判例もありますので注意が必要です。年休については、組合専従期間は労働をしていない以上、年休算定の全労働日に含まれません。年休算定全期間において組合専従していた場合には年休は発生しません。


## ■ 組合専従者について ……………………………………………

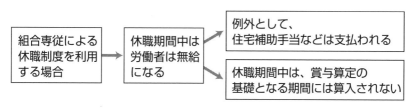

# 10 在籍出向した場合の休職取扱いはどうすればよいのか

出向に服する労働者に配慮が必要になる

## ● どんな制度なのか

在籍出向とは、労働者が現在の企業に在籍したまま、他の企業で長期間仕事をすることです。たとえば、親子会社間での出向や、銀行から銀行管理になった企業への出向などがあります。出向中は出向元企業で休職扱いとなります。したがって、勤務形態や指揮命令関係は、出向元ではなく出向先企業に服することになります。

なお、出向したからといって、必ずしも出向元企業を休職扱いにする必要はありません。しかし、多くの企業では休職扱いにして人事管理上の整理をします。これは、二重の勤務形態や指揮命令系統が存在した場合、雇用関係が煩雑なものになってしまうからです。

まず、出向元企業を休職として、休職期間の処遇を明確に定めておきます。そして、出向中の勤務形態や指揮命令は、出向先企業に服することにより、労働条件を明確にすることができます。

## ● 労働条件の扱いは規程などで整備する

通常の休職は働いていない状態ですが、出向休職の場合には出向先で働いています。そして多くの場合、労働者側の事情ではなく、使用者側の事情で出向になるわけです。こうした点が、その他の休職と異なる点です。労働者にしてみれば、出向先での仕事ぶりがどう評価されるのかも気になるところです。したがって、通常の休職以上に、出向中や出向後の処遇を明確にしておく必要があります。そこで、休職規定で一括りにしないで、独立した**出向規程**（68ページ）を定めるのが一般的です。

出向する労働者の労働条件については、以下の点に注意して規程などを定めるようにしましょう。

　出向命令発令と同時に休職扱いとなり、出向期間が休職期間となるように定められます。原則として、勤務形態や指揮命令系統は出向先企業に服するのですが、例外的な取扱いがあります。

　賃金は出向先から支払われますが、出向元の賃金が100％支払われるように配慮されます。もし、出向先の賃金が出向元の賃金に比べて不足の場合、出向手当などで補てんされます。

　賞与査定は、実際に働いている出向先で査定されますが、査定基準は出向元の人事考課により算出されます。

　年休の場合、休職期間は付与の要件となる継続勤務期間に含められますが、継続勤務期間中8割以上の出勤日がなければ年休は付与されません。出向休職の場合、他の休職と違って実際に働いています。したがって、出向休職期間中の継続勤務期間及び出勤日をもとに、年休が付与されます。

　退職金は、一般的に「退職時の賃金×勤続年数から導いた係数」により算出されます。年休の場合と同じ理由により、この勤続年数に出向休職期間も含めて計算します。なお、出向先の賃金や労働条件が劣悪な場合、出向命令が権利濫用で無効になる場合があります。

■ **在籍出向のしくみ** ……………………………………………………

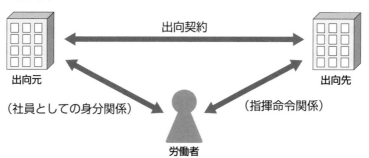

**書式　出向規程**

出向規程

**第1条（本規程の目的）**　本規程は、株式会社○○○○（以下「会社」という）の社員の、出向に関する事項について定めたものである。

**第2条（定義）**　本規程における出向および出向社員とは、それぞれ次のものをいう。

- ・出向　会社の命令により、会社に在籍したまま、関連会社等（以下「出向先」という）に転出し、その役員または社員として勤務することをいう
- ・出向社員　出向を命じられた社員のことをいう

**第3条（出向期間）**　出向期間は2年以内を原則とする。

2　出向を命じるにあたってはその期間を明示することとする。

3　第1項の規定については、業務上の都合により、必要に応じて出向期間を短縮または延長することができる。

**第4条（出向先での労働条件）**　就業時間、休日および休暇等の労働条件に関しては、原則として出向先の就業規則その他の規定に従うものとする。

**第5条（給与）**　出向社員の給与は、出向先の給与規程に基づいて支給する。

2　前項の規定に関し、出向先から支給される給与が、出向前の給与を下回る場合には、その差額を会社が補償するものとする。

3　前2項の規定は、出向中の昇給に関して、これを準用する。

**第6条（賞与）**　出向中の賞与に関しては、出向先の規程により、これを支給する。

2　前項の規定に関し、出向先から支給される賞与が、出向前の賞与の水準を下回る場合には、その差額を会社が補償するものとする。

**第7条（年次有給休暇）**　出向社員の出向中の年次有給休暇は、出向

先の就業規則に基づくものとする。

第8条（慶弔見舞金）　出向社員の慶弔については、出向先の慶弔見舞金規程に基づいて支給する。

第9条（所定就業時間格差の補償）　出向先での所定労働時間が、会社の所定労働時間を超える場合は、その時間を時間外労働として扱う。

2　前項から生じた格差は、第5条第2項および第6条第2項に従い、会社が補償するものとする。

第10条（福利厚生）　福利厚生制度については、出向先の定めるところによる。

2　前項の他、必要に応じ、会社の規程を適用することができる。

第11条（出向社員の身分保障）　出向社員は出向期間中、○○部門または出向先と密接な関係にある部門に籍を置くものとする。

2　出向期間中の給与、勤続年数、退職金、昇格および昇給等の基本的労働条件は保障する。

3　出向期間は勤続年数に通算する。

第12条（昇進、昇格および昇給）　出向社員に対しては、出向先における勤務成績を勘案して人事考課を行い、昇進、昇格および昇給等を行う。

第13条（退職および解雇）　出向社員が、出向先において退職または解雇となる場合は、復職を命じることとする。

2　前項の措置をとった後、会社に復職させた上で退職または解雇の措置をとることがある。

第14条（出向先からの退職金）　出向先から退職金が支給された場合は、全額、会社へ納入することとする。

第15条（保険加入）　出向社員の健康保険、厚生年金保険、雇用保険および労災保険は、就労の実態に基づいて、会社、または出向先で加入する。

第16条（労災保険）　出向先において、業務上または通勤途上で災害

をこうむった場合は、出向先の労災保険を適用する。

第17条（出向先からの復職）　出向社員が復職する場合には、知識、能力および経験等を考慮して、適正な職務に配置する。

第18条（表彰）　出向社員が表彰された場合には、出向先における定めを適用することとする。

2　前項の他、必要がある場合には、会社の規程を適用することができる。

第19条（懲戒）　懲戒に関しては、前条第1項の規定を準用する。

2　懲戒に関しては、同一事由について二重懲戒を受けることはない。

第20条（報告書）　出向社員は、定期的に業務遂行状況に関する報告書を会社に提出するものとする。

第21条（連絡）　会社の社内事項については、必要に応じて本人に直接、連絡することとする。


附　　則


1　この規程は令和○年○月○日制定し、同日実施する。

2　この規則の主管者は総務部門長とする。

3　この規則を改廃する場合は、「過半数従業員の選出に関する規程」に基づいて選出された従業員の過半数代表者の意見を聴いて行う。


（制定記録）

制定　　令和○年○月○日

# 11 私事休職について知っておこう

制度化するのか、するならばどの範囲とするのか想定しておく

## ● どんな制度なのか

ボランティアなどの社会的活動、海外留学などで長期間会社を休むとき、まず年休を取得します。それだけでは足りないときに、私事による休職制度を利用することになります。

私事の考え方には2通りあります。完全な労働者の私事つまり使用者である企業とは何の関係もない私事です。

一方で、業務とまでは認められないが、労働者の私事であると同時に、使用者にとっても少なからずメリットがある場合です。たとえば、使用者が大学などの研究機関である場合の、研究テーマに関連する海外留学や、MBA取得が使用者、企業にとって有益な場合です。

完全な労働者の私事については、労働者側からどのようなニーズがあるか予見できません。このような場合に私事休職制度を設ける必要はありません。

一方で、業務との関連性があらかじめ想定される場合もあります。こうした場合、私事休職制度導入を検討する必要がでてきます。

## ● 労働条件の扱いはどうなる

休職事由については、法的な必要性よりも、円満な労使関係の視点から考えます。本来認める必要がないものを認めることにより、労働者の自己実現の夢を後押しすることになります。こうした姿勢は、使用者企業の評判にもつながります。

労働者の一方的な事情から申し出た長期休職に応じる必要はありません。一方で、業務との関連性があり、使用者にとってもメリットが

ある場合は、そうした私事休職が奨励されるような休職制度を設けることになります。

　私事休職の場合、起訴休職（61ページ）のような突発性もなく、組合専従者休職（64ページ）のように法令の規制もありませんので、休職制度自由設計の原則に従って考えればよいでしょう。

　賃金、賞与はノーワーク・ノーペイの原則（52ページ）から、無給になります。

　社会保険料などの事業主負担分を労働者に請求する場合は、その旨も休職制度に定めておきます。

　年休の場合、休職期間は付与の要件となる継続勤務期間に含められません。したがって労働者が年休を取得できるかどうかは、休職期間を除いた労働日に8割以上出勤したかどうかで判断することになります。一方、休職が労働者の一方的な事情である場合、休職期間を欠勤した日と取り扱うことも認められます。いずれにしても就業規則などで明確に定めておくことがトラブル回避につながります。

　退職金の場合、一般的に「退職時の賃金×勤続年数から導いた係数」により算出されます。この勤続年数に、私事休職期間は原則として含めません。

## ■ 私事休職を認める際の注意点 ……………………………………

| 業務と関係のある私事休職 | → | ・海外留学<br>・MBA取得 | → | 私事休職を積極的に認める |
| --- | --- | --- | --- | --- |

**私事休職期間中の待遇**　賃金は支給しない
有給休暇や退職金の扱いについては、規則に定めておく

# 12 どんな場合にトラブルに発展するのか

労働者の納得が得られないときにトラブルになる

## ● どんな場合に問題となるのか

　休職発令後、休職期間が満了すると退職になります。休職発令だけであれば、在籍まで失うわけではありません。しかし、労働者にとっては収入を失うことになるわけですから、死活問題です。

　休職にはさまざまな種類がありますが、特に問題になるのは、私傷病休職、起訴休職です。この2つの休職は「戦力外通告」の意味合いがあるからです。また、最も発生頻度が高いと考えられるのは、私傷病休職の治癒（復職可能）についての争いです。うつ病のケースでは、労働者の事情、主治医の診断、産業医の意見、使用者の思惑が入り混じり、治癒（復職可能）について、問題になることが多いようです。

## ● 話合いによる和解を試みる

　私傷病休職制度を利用した労働者について、休職期間満了時点で休職の原因となったケガや病気が治らず復職できないという状態であれば、自然退職あるいは普通解雇といった取扱いをすることになります。私傷病休職制度の「ケガや病気が治っている状態」というと、まず思い浮かぶのが「完治した」場合ですが、必ずしも完治だけを意味するわけではありません。問題となった裁判例では、「ケガや病気が治っている状態」とは、「2～3か月以内で通常業務へ復帰できるほど回復が進んでいる状態」とされています。具体的な病状で考えてみましょう。骨折などの外傷であれば、2～3か月後の回復状況は、予想しやすいところです。一方、重度の脳卒中のように、2～3か月後であっても回復が見込めない場合もあります。うつ病については、予想

が難しいところです。

　この「ケガや病気が治っている状態」のことを専門用語で「治癒」というのですが、治癒したかどうかは、労働者側主治医の診断結果、産業医の診断・意見を基に、使用者が合理的に判断することになるでしょう。使用者が、2〜3か月以内に通常業務へ復帰することが難しい、と判断すれば、退職を前提にした交渉をすることになります。

　この場合でも、休職期間満了退職が労働者にとって厳しいということであれば、退職時期を延ばしたり、退職金の上乗せなどを検討して、労働者に納得してもらえるように譲歩します。

　2〜3か月以内に通常業務への復帰が可能であれば、退職ではなく復職ということになります。しかし、現実問題として復職に懸念が残るようであれば、2〜3か月の見極め期間を設定して様子を見るようにします。見極め期間の再延長はできませんので注意が必要です。

　見極め方法として、「産業医の意見に基づき使用者が判断する。最低○○の作業ができることを治癒の基準とする」と具体的に設定して、白黒がハッキリするようにします。

　お互いに譲歩する気持ちがあれば、2〜3か月の見極め期間設定により、労使が納得できる解決になることが多いといえます。

## ● 法的手段をとられたらどうするのか

　休職後の復職や雇用契約上の地位確認（退職の無効)、退職金の支払いをめぐって、労働者が訴訟や労働審判、あっせんなどの申立てを行うことがあります。

　使用者は具体的根拠を挙げて反論することになりますが、主張を根拠づける資料として医師の診断書を用意しておく必要があります。労働者側も主治医の診断書を用意しているのが通常ですが、労働者側の主治医は会社の業務内容などを正確に把握しているわけではないため、会社側の産業医の診断結果を用意しておく必要があります。もっとも、

労働者側から「産業医は私の罹っている病気の専門医ではないので、その意見は信用できない」という主張をされるケースもあるため、場合によっては産業医から専門医の紹介を受け診断してもらうといった対策も考えておいた方がよいでしょう。労働者側の主治医の診断結果については、「同じような症状が続いてきたにもかかわらず、休職期間満了時に突然これまでと異なる診断がされている」など、不自然な点がないかをチェックする必要があります。

　感情的な判断に走ると、問題をこじらせることになるため、労働者側主治医の診断結果や産業医の診断・意見を基に、客観的な判断をして労働者側に主張していくことになります。

## ● 休職命令無効の仮処分は認められるのか

　労働者の行う休職命令無効を求める仮処分の申立ては、条件しだいで認められる場合があります。まず、仮処分と通常の訴訟との違いについて整理しておきましょう。

　通常の訴訟は、主張する権利がきちんと立証される必要があります。一方の仮処分は「たぶん間違いないだろう」という程度（これを疎明といいます）で認められることがあり、立証の程度に差があります。訴訟の場合、判決が出るまでに日数がかかってしまいますが、それを待つ余裕がない場合もあります。仮処分は、訴訟で決着がつくまでの間、当事者の権利を一時的に確保するために行われる処分であり、迅速に行うため、立証よりもハードルの低い疎明での実行が認められています。

　生活に困ってしまうなどの、一時的な救済の必要性がないと仮処分は認められません。ただ、無給休職（有給でもほとんど無給に近い休職）の場合、「訴訟が終わるまでの間、仮処分を認めていったん労働者としての地位を確保して救済する必要性がある」という判断がなされやすいといえるでしょう。

訴訟においては、主張する権利がきちんと立証される必要があり、日数をかけてでも、とことん審理をつくします。一時的な救済措置という考えはありません。

## ● 休職命令が無効の場合の法律関係はどうなる

休職命令とは、就業規則や休業規定に定められた休職事由があったときに、労働者に対して使用者側から発令されるものです。たとえば、「病気により1か月連続欠勤した場合」などです。

休職命令が無効になる場合がありますが、大きく分けて、以下の2つの無効事由があります。

① 休職事由が存在しない場合（たとえば、就業規則や休業規程の定めが不備であったり、定めそのものがなかった場合など）

② 労働者の労務提供に支障がない場合（前述した例で「病気により1か月連続欠勤した場合」でも、その後回復したような場合）

休職命令が無効だった場合の法律関係は、休職期間中と休職期間後に分けて考えます。休職期間中の労使間の契約・法律関係については、結果的に休職は無効だったのですから、休職期間中についても、使用者は、休職前と同様の賃金を支払う必要がありますし、賃金以外の労働条件も休職がなかったものとして取り扱われます。休職期間後の労使間の契約・法律関係については、休職せずに働いていたものと捉え、定期昇給や賞与の支給も、フルに働いていたものとして計算します。退職金の算定、退職金の受給資格の基礎となる勤続年数から、無効な休職期間を差し引くことは認められません。

# 第3章

# メンタルヘルスの
# 法律と職場復帰支援

# 1 メンタルヘルスをめぐる法律にはどんなものがあるのか

労働者の心の健康を守るための規制

## ● 法律から指針までいろいろなものがある

メンタルヘルスをケアするための規定には、法律から指針までさまざまなものがあります。メンタルヘルスケアに関連した法律、指針には次のようなものがあります。

まず、メンタルヘルスは長時間労働などと密接に関連しており、労働条件の最低基準を定めている**労働基準法**が挙げられます。労働基準法は、賃金・労働条件・有給休暇などについて定めた法律です。

次に、**労働安全衛生法**が、労働者のメンタルヘルスを守るための法律として挙げられます。労働安全衛生法は、労働者の安全と健康を確保して快適な職場環境を作るための法律であり、労働者の健康や安全を守るために企業の経営者がなすべきことなどを定めています。労働者のストレス状況を把握するストレスチェックなどの実施についても企業に義務付けています。労働者が安全で衛生的な環境で仕事ができれば、労働者の健康やメンタル不調を未然に防ぐことができます。

また、**労働者災害補償保険法**（労災保険法）も、労働者のメンタルヘルスを守るための法律だといえます。労働者災害補償保険法は、労働者が仕事上でケガを負った場合などに、労働者に対して必要な給付を行うための法律です。仕事上の事故で何かあった場合に確実に補償を受け取ることができる制度が確立されていれば、労働者は安心して業務に従事することができます。そのため、労働者災害補償保険法は、労働者のメンタルヘルスと関係のある法律だといえます。

また、労働者のメンタルヘルスを守るために、各省庁はさまざまなガイドラインを設定しています。

その中でも代表的なものが、厚生労働省の設定した「労働者の心の健康の保持増進のための指針」です。この指針は、労働者の受けるストレスが増大し、職場における労働者の心の健康を守ることの必要性が高まっていることを受けて作られました。職場のストレスは、労働者自身の努力だけでは取り除くことは困難であるので、事業者により積極的にメンタルヘルスを守るための措置を講じることが重要であるとされています。具体的には、労働者のメンタルヘルスについて衛生委員会で調査審議することや、メンタルヘルスをケアするための方法などについて定められています。

また、厚生労働者が作成した「心の健康問題により休業した労働者の職場復帰支援の手引き」（平成21年３月改訂）も労働者のメンタルヘルスケアを目的とした指針です。指針では、心の健康問題によって休業していた労働者が、円滑に職場復帰できるように、事業者がなすべき措置について定めています。具体的には、労働者の休業中になすべきケアや、職場復帰後のフォローアップなど、状況に応じて段階的に事業者がどのようなことをすべきかについて示しています。次ページからメンタルヘルスに関わる法律や指針について詳しく見ていきましょう。

### ■ メンタルヘルスをめぐるさまざまな法律・指針 ....................

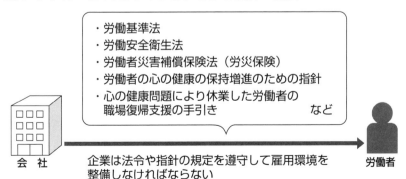

・労働基準法
・労働安全衛生法
・労働者災害補償保険法（労災保険）
・労働者の心の健康の保持増進のための指針
・心の健康問題により休業した労働者の
　職場復帰支援の手引き　　　　　　　　など

会　社

労働者

企業は法令や指針の規定を遵守して雇用環境を
整備しなければならない

# 2 労働基準法について知って おこう

労働者の労働条件を守るための法律

## ● どんな法律なのか

労働基準法は、労働者が人間らしい生活を送るために、労働条件の最低条件を定めた法律です。労働時間、有給休暇、賃金、労働契約の内容などについての規定が置かれています。労働者は雇用者（使用者）に比べて弱い立場にあります。そのため、労働者と雇用者が自由な内容で雇用契約を締結できることにすると、労働者は雇用者の要求を呑んでしまうことになり、労働者にとって不当に不利な内容で労働契約を結んでしまう可能性が高くなります。そのため、賃金の額や労働時間など、労働条件の最低条件が労働基準法で規定されています。労働基準法で定められている労働条件より労働者にとって不利な労働契約が締結されたとしても、その部分の労働契約は無効になります。

## ● どんなことが義務づけられているのか

労働基準法では、労働者を守るためにさまざまな事柄が雇用者に義務づけられています。

まず、労働時間については、1週間につき40時間を超えて労働者を働かせてはならず、加えて1日8時間を超えて労働させることも禁止されています。もし、この時間を超えて労働者を労働させた場合には、雇用者は割増賃金を支払わなければいけません。

また、労働者に支払う賃金は、最低賃金額を下回ってはならないことも定められています。具体的な最低賃金額については、最低賃金法により定められています。

休日については、原則として労働者には週に1日以上の休日を与え

なければならないとされています。ただし、週に1日の休日が与えられていなくても、4週間で4日以上の休日を与えていれば、それでよいとされています。

　解雇については厳格な規定が置かれています。労働者を解雇する場合には、原則として解雇の少なくとも30日前に解雇を予告しなければならず、この予告をしない場合には30日分以上の賃金を支払わなければなりません。また、そもそも解雇が許される場面は、労働契約法の規定や判例により相当に厳しく制限されています（解雇権濫用法理）。

　有給休暇についても規定が置かれています。半年以上継続勤務して出勤率が8割以上の労働者に対しては、原則として10日の有給休暇を付与しなければなりません（継続勤務期間に応じて付与日数が増えます）。

　このように、労働基準法は労働者の労働条件についてさまざまな規定を置いています。そして、労働基準法は労働者のメンタルヘルスとの関係があります。労働者は十分な賃金を受け取ることで充実した生活を送ることが可能になり、自身の健康を維持ができるようになります。また、労働時間が不当に長かったり、休日が与えられなかったりすれば、労働者は過労となり、心の健康状態も悪化していきます。労働基準法は、労働者のメンタルヘルスを良好な状態にするために必要な法律だといえます。

### ■ 労働基準法の規定内容 ……………………………………………

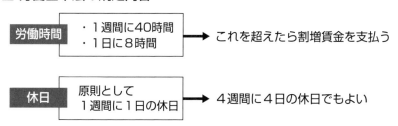

# 3 労働安全衛生法について知っておこう

**労働者が快適に職場で過ごせるようにする法律**

## ● どんな法律なのか

労働安全衛生法は、職場における労働者の安全と健康を確保し、快適な職場環境を作ることを目的とした法律です。厚生労働大臣は労働災害を防止するための方策を講じなければならないこと、事業者は労働者の安全を確保するために、安全衛生を管理する責任者を選出しなければならないこと、などが定められています。

労働安全衛生法は、労働者の安全と衛生を守るためにさまざまな役割を負ったスタッフを事業場に配置することを事業者に対して要求しています。ここでは、労働安全衛生法により配置が義務づけられているスタッフの種類を見ていきましょう。

まず、総括安全衛生管理者です。常時100人以上の労働者がいる林業、鉱業、建設業、運送業、清掃業で、比較的大規模な事業場では総括安全衛生管理者を設置しなければなりません。総括安全衛生管理者には、工場長などその現場を管理している者を選任しなければなりません。次に、常時50人以上の労働者がいる事業場においては、安全管理者、衛生管理者、産業医を選任することが義務づけられています。安全管理者は、事業場における技術的な側面から労働者の安全を確保する役割を負っているスタッフです。製造業、建設業などの一定業種で選任が必要です。事業場における労働者の衛生面を管理する衛生管理者、労働者の健康管理等を行う産業医は業種にかかわらず設置が義務づけられています。

## ● 安全衛生推進者・衛生推進者

小規模事業場（10人以上50人未満）で、安全管理者や衛生管理者に

代わるものとして選任が義務づけられています。

　林業、鉱業、建設業などの安全管理者と衛生管理者の選任が義務づけられている業種の小規模事業場については、安全衛生推進者を選任します。一方、衛生管理者のみの選任が義務づけられている業種の小規模事業場については、衛生推進者を選任することになります。

## ◉ 安全委員会・衛生委員会と役割

　安全委員会は、85ページ図に記載した一定人数以上の労働者を常時雇用している業種の事業場では設置しなければならないことになっています。安全委員会の役割は、安全に関する事項について調査・審議を行った上で、事業者に対して意見を述べることです。

　一方、衛生委員会は、衛生に関する事項について調査・審議を行い、事業者に意見を述べます。衛生委員会は、常時使用している労働者が50人以上の事業場においては、業種に関わりなく必ず設置しなければならないことになっています。このように、労働者の安全と衛生を守るために、労働安全衛生法はさまざまなスタッフや委員会を配置することを事業者に義務づけています。

### ■ 労働安全衛生法の全体像 ·····································

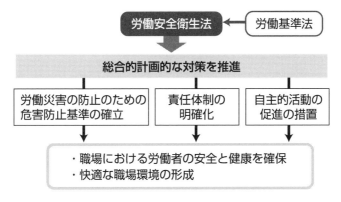

第3章　メンタルヘルスの法律と職場復帰支援　**83**

## ● 事業者（会社）が講じるべき措置

労働安全衛生法は、事業者が配置すべきスタッフの種類の他にも、事業者が講じるべき措置について定めています。

まず、機械などの設備により、爆発・発火などの事態が生じたり、採石や荷役などの業務から危険が生じる可能性がある場合には、それを防止する措置を講じなければならないことを定めています（20条、21条）。

また、ガスや放射線、あるいは騒音などで労働者に健康障害が生じる恐れがある場合にも、事業者は労働者に健康障害が生じないような措置を講じなければならないとされています（22条）。

さらに、建設業や造船業などで下請契約が締結された場合には、元請業者は下請業者に対して、労働安全衛生法や関係法令に違反することがないように指導しなければならないとされています（29条）。

この他にも、事業者が講じなければならない措置として、さまざまなものが定められています。

## ● 労働者の就労にあたって

労働安全衛生法は、事業者が労働者の生命や健康を守るために、労働者に対して教育を行わなければならないことも定めています。事業者が、新たに労働者を雇い入れたときや、労働者の作業内容を変更したときには、労働者に対して安全や衛生についての教育をすることが義務づけられています（59条）。

また、現場において労働者を指導監督する者に対しては、労働者の配置や労働者に対する指導の方法などについて、安全や衛生の観点から教育をしなければならないとされています（60条）。

安全衛生については、労働者自身が気をつけることも重要ですので、事業者は労働者を安全衛生の観点から教育する義務を負っています。

## ● 労働者の健康保持のための検査

　労働安全衛生法は、労働者の健康を守るために、いくつかの検査を行うことを事業者に義務づけています。

　まず、人間に有害な物質を扱う作業場などでは、作業環境測定を行わなければなりません。作業環境測定とは、空気がどれだけ汚れているかなど、作業を行う環境について分析することです。有害な物質などを扱っている作業場においては、労働者の健康が害される可能性が高いので、作業環境測定を行うことが義務づけられています。また、事業者は、労働者に対して定期的に健康診断を実施しなければならないとともに、実施後の診断結果（異常の所見がある場合に限る）に対する事後措置について医師の意見を聞くことも義務づけられています。

　このような検査を経て、労働者の健康が害される恐れがあると判明した場合には、事業者は何らかの対策を講じることになります。たとえば、作業環境測定により作業場が有害物質で汚染されて労働者に悪影響が生じる可能性がある場合には、新たな設備を導入することで有害物質の除去を図ることになります。また、健康診断により労働者の健康状態が悪化していることが判明した場合には、労働時間の短縮や作業内容の変更といったことを検討する必要があります。

### ■ 安全委員会を設置しなければならない事業場 ……………………

| 業　　種 | 従業員の規模 |
|---|---|
| 林業、鉱業、建設業、製造業（木材・木製品製造業、化学工業、鉄鋼業、金属製品製造業、運送用機械器具製造業）、運送業（道路貨物運送業、港湾運送業）、自動車整備業、機械修理業、清掃業 | 常時50人以上 |
| 上記以外の製造業、上記以外の運送業、電気業、ガス業、熱供給業、水道業、通信業、各種商品卸売業、家具・建具・じゅう器等卸売業、家具・建具・じゅう器小売業、各種商品小売業、燃料小売業、旅館業、ゴルフ場業 | 常時100人以上 |

いずれにしろ、検査によって判明した問題に対して適切な措置を講じることが重要になります。

## ◉ 快適な職場環境を形成するために

　事業者は、労働者が快適に労務に従事できるよう、職場環境を整えるよう努めなければなりません（71条の2）。

　具体的には、厚生労働省が公表している、**事業者が講ずべき快適な職場環境の形成のための措置に関する指針**が参考になります。

　この指針の中では、労働環境を整えるために、空気環境、温熱条件、視環境、音環境を適切な状態にすることが望ましいとされています。また、労働者に過度な負荷のかかる方法での作業は避け、疲労を効果的に回復するために休憩所を設置すべきことも記載されています。そして、これらの措置を講じるにあたっては、労働者の意見を反映させ、継続的かつ計画的に取り組んでいくことが必要とされています。

　労働者にストレスが生じやすいという現代の状況を踏まえて、労働者が働きやすい環境を作ることが重要になっているといえます。

### ■ 労働安全衛生法で配置が義務づけられているスタッフ …………

| 総括安全衛生管理者 | 所定の人数（たとえば、建設業・運送業・清掃業などの業種では常時100人以上）の労働者がいる事業場ごとに選任 |
|---|---|
| 安全管理者 | 常時50人以上の労働者がいる建設業・運送業・清掃業・製造業・通信業などの業種で事業場ごとに選任 |
| 衛生管理者 | 業種を問わず、常時50人以上の労働者がいる事業場ごとに労働者数に応じて選任 |
| 安全衛生推進者 | 安全管理者と衛生管理者の両方の選任が要求されている業種で事業場の労働者が常時10～50人未満の場合に選任 |
| 衛生推進者 | 衛生管理者のみの選任が要求されている業種で事業場の労働者が常時10～50人未満の場合に選任 |
| 産業医 | 常時50人以上の労働者がいる事業場ごとに選任 |

# 4 ガイドラインについて知っておこう

心の健康を守るための指針

## ● どんな内容なのか

労働者のメンタルヘルスを守るために重要なガイドラインとなっているのは、厚生労働省が公表している、**労働者の心の健康の保持増進のための指針**です。ここでは、この指針の内容について紹介します。

この指針は、職場において雇用者が行うべきである労働者の心の健康を守るための措置について定めています。メンタルヘルスに対する基本的な考え方として、健康情報を含む労働者の個人情報に配慮することが必要であること、心の健康は労働環境と関係して生じているので人事労務管理と連携して問題の解決にあたること、職場だけでなく家庭においてストレスにさらされ、さまざまな要因が複合して労働者の心の健康問題を生じている可能性があること、などが示されています。

「労働者の心の健康の保持増進のための指針」では、メンタルヘルスケアをするために、セルフケア、ラインによるケア、事業場内産業保健スタッフ等によるケア、事業場外資源によるケアという「4つのケア」が示されています。この指針では「4つのケア」を組み合わせて労働者の心の健康を守るべきことも示されています。

① セルフケア

セルフケアとは、労働者自身がストレスや心の健康について理解し、自らのストレスを予防・軽減するというメンタルヘルスケアの方法のことをいいます。労働者自身がストレスに気づくためには、事業者がセルフケアについて労働者に対して研修を実施し、心の健康について労働者が理解する機会を与えることが重要になります。

② ラインによるケア

ラインによるケアとは、労働者と日常的に接する管理監督者などが、心の健康に関して職場環境の改善をしたり労働者との相談に応じることで行うメンタルヘルスケアのことです。労働者を管理し、監督する者（管理監督者）は、部下である労働者の状況を日常的に把握しており、個々の職場における具体的なストレス要因も把握しています。そのため、管理監督者は、職場環境などの改善を図ることができる立場にあるといえ、メンタルヘルスケアにおいて重要な役割を果たすことができると考えられています。

　ガイドラインによると、ラインによるケアで大切なのは、会社側が労働者の「いつもと違う」言動にいち早く気がつくことであると示されています。いつもと違う労働者の言動とは、たとえば、遅刻や早退・欠勤が増加したり、場合によっては無断欠勤があることも重要なサインといえるでしょう。

　また、仕事の能率が悪くなり、思考力・判断力が低下していると見受けられる労働者については、注意深く見守る必要があります。特に、労働者が明らかに不自然な言動を繰り返している場合には、深刻なメンタルヘルス疾患を抱えている可能性が高まりますので、早急な対応が必要になります。

③　**事業場内産業保健スタッフ等によるケア**

　事業場内産業保健スタッフ等によるケアとは、事業場内の産業医などが、職場の心の健康づくり対策の提言を行い、労働者を支援することで行うメンタルヘルスケアのことをいいます。産業医、衛生管理者、保健師、心の健康づくり専門スタッフ、人事労務管理スタッフらが連携して、労働者の教育研修を行ったり、職場の環境改善について雇用者に対して提言をすることで、労働者の心の健康を守ります。

　事業場内産業保健スタッフ等によるケアで、特に要求されるのが、具体的なメンタルヘルスケアを実施する上での企画立案です。メンタルヘルスケアを専門に担当する窓口を設置することも有効で、職場復

帰に向けた支援を積極的に行っていくことが期待されています。

　もっとも、労働者のメンタルヘルスに関する事柄は、重大な個人情報といえますので、取扱いには慎重さが要求されます。

④　**事業場外資源によるケア**

　事業場外資源によるケアとは、外部の機関や専門家を活用し、その支援を受けることで行うメンタルヘルスケアのことです。メンタルヘルスに関して外部の専門家の意見を聞くことは重要です。しかし、外部の専門家を頼りすぎることにより、雇用者自身による労働者のメンタルヘルスに対する配慮を怠ることがないよう注意する必要があります。また、事業場内産業保健スタッフ等によるケアと独立したケアを行うのではなく、連携したネットワークを形成することで、事業所の外部から適切な情報提供や助言を受け、メンタルヘルス疾患を抱えた労働者の職場復帰を弾力的に支える体制を整えることが重要です。

## ■ 労働者の心の健康の保持推進のための指針 ……………………

**労働者の心の健康の保持増進のための指針**

**衛生委員会などにおける調査審議**
　事業者が労働者の意見を聴きつつ事業場の実態に即した取組みができるように心がける。
　(具体的な実施方法や規程の策定などについて十分に調査審議する)

**心の健康づくり計画を策定**
　上記の調査審議を経て洗い出した現状や問題点を踏まえ、基本的な計画を策定する

**4つのメンタルヘルスケアの推進**
メンタルヘルスケアに効果的とされる4つのケアを実施する
①セルフ(自己)ケア
②ライン(管理職)によるケア
③事業場内産業保健スタッフ等(産業医、保健師など)によるケア
④事業場外資源(事業場外の専門家など)によるケア

# 5 安全配慮義務について知っておこう

雇用者は労働者の安全に配慮する必要がある

## ● 安全配慮義務とは

　会社などの雇用者（使用者）は、労働者が職場において安全に労務に従事できる環境を整備しなければならないという義務を負っています。これを**安全配慮義務**といいます。具体的には、労働契約法5条において、「使用者は、労働契約に伴い、労働者がその生命、身体等の安全を確保しつつ労働することができるよう、必要な配慮をするものとする」と定めることで、雇用者は労働者に対して安全配慮義務を負うことが明示されています。

## ● なぜ安全配慮義務が求められるのか

　雇用者が、労働環境の整備を怠ったことで、労働者にケガを負わせるなどの損害を生じさせた場合、雇用者は債務不履行責任（民法415条）や不法行為責任（民法709条）に基づき**損害賠償責任**を負います。しかし、これらの民法の規定に基づく損害賠償請求をする場合、どのような場面で雇用者が責任を負うのかということが必ずしも明確ではありません。

　そのため、労働者が雇用者に対して損害賠償請求をする場面で、安全配慮義務という考え方が用いられることになります。具体的に雇用者が労働者に対して負っている義務の内容が安全配慮義務という形で明確になることで、労働者は安全配慮義務違反を根拠として、雇用者に対して損害賠償請求がしやすくなります。

　このように、雇用者が安全配慮義務を負うことで、職場の環境が整備され、労働者は安心して労務に従事することができます。雇用者は

労働者を管理する立場にあるので、労働者の安全についても配慮すべきであると考えられているためです。

## ● 判例は雇用契約上の義務としている

安全配慮義務は、当初は判例の中で認められた義務でした。たとえば、昭和50年の最高裁判決（最高裁昭和50年2月25日判決）では、国は公務員に対して、給料を支払う義務の他に、公務の遂行にあたって公務員の生命や健康に配慮する義務を負っていると述べ、雇用者の安全配慮義務の存在を認めました。

また、この後には、民間の企業における労働契約関係においても、雇用者は労働者に対して安全配慮義務を負っていることを認めた最高裁判決（最高裁昭和59年4月10日判決）が出ています。また、直接労働契約を締結していなくても、下請企業の労働者が注文者（元請企業）の作業場で労務に従事する場合などは、注文者と下請企業の労働者との間に労働契約に準じる関係があるとして、下請企業の労働者に対して注文者は安全配慮義務を負うとした最高裁判決もあります（最高裁平成3年4月11日判決）。

このように、判例で安全配慮義務が認められてきたことを受けて、前述した労働契約法5条では、使用者が労働者に対して安全配慮義務を負うことを明確に認めています。

## ● 健康配慮義務とはどう違う

雇用者は、労働者に対して**健康配慮義務**を負っています。健康配慮義務とは、その名のとおり、労働者の健康に配慮し、労働者が病気などを負うことがないような環境を作る義務のことをいいます。

この健康配慮義務は、前述した安全配慮義務とまったく異なるものではありません。安全配慮義務は、労働者の安全・生命・健康といった事柄について、全体的に雇用者が負うべき義務のことをいいますが、

健康配慮義務は労働者の健康を守ることに特化した義務だといえます。つまり、安全配慮義務のうちの一部が、健康配慮義務となっているのです。

## ◉ どんな場合に安全配慮義務違反となるのか

　どのような場合に雇用者の安全配慮義務違反が問われるかについては、さまざまなケースがあるので、一概に説明することはできません。以下では、判例をもとに、安全配慮義務違反があるとされたいくつかの事例について示します。

　まず、労働者が勤務中に自動車の運転を誤って同乗者を死亡させた事件では、雇用者には、車両の整備を十分に行う義務や、十分な運転技術を持つ者を自動車の運転手として指名する義務があったとされました（最高裁昭和58年5月27日判決）。

　また、宿直中の労働者が外部からの侵入者により殺傷された事件では、雇用者は、外部からの侵入者を防ぐための設備を施しておく義務があったとされました（最高裁昭和59年4月10日判決）。

　さらに、労働者が過労死した事件においては、雇用者は労働者の健康に配慮し、業務の内容を軽減・変更するなどして、労働者の負担を軽減するために適切な措置をとる義務があったとされました（東京高裁平成11年7月28日判決）。

　このように、安全配慮義務はさまざまな場面において問題となります。そのため、ケース・バイ・ケースでどのような安全配慮義務があるかについて考えていく必要があります。

## ◉ 予見可能性や結果回避可能性が必要

　安全配慮義務違反があるといえるためには、予見可能性と結果回避可能性があることが必要です。

　**予見可能性**とは、労働者の生命が危険にさらされたり、労働者の健

康が悪化するであろうことを事前に予測することが可能であった状態をいいます。また、**結果回避可能性**とは、労働者の生命や健康に何らかの損害が生じることが予測できた場合に、それを回避する手段があったことをいいます。結果回避可能性があったとしても適切な防止措置を取っていた場合、安全配慮義務違反ではないと判断されることがあります。

たとえば、突如として職場に隕石が降ってきて、労働者がケガをしたとします。この場合、雇用者は安全配慮義務違反を問われることはありません。なぜなら、隕石が降ってくるなどということは予測することが不可能であり、隕石を回避する手段も通常は存在せず、予見可能性や結果回避可能性がないからです。

また、相当因果関係がない場合にも安全配慮義務違反でないと判断されるケースがあります。たとえば、精神疾患によって自殺した労働者について、業務以外に家庭の事情によって強いストレスを感じていた場合には、その自殺が雇用者の責任とは必ずしもいえないというようなケースです。

## ■ 安全配慮義務を果たすための会社側の対策 …………………………

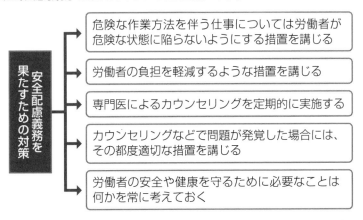

安全配慮義務を果たすための対策

→ 危険な作業方法を伴う仕事については労働者が危険な状態に陥らないようにする措置を講じる

→ 労働者の負担を軽減するような措置を講じる

→ 専門医によるカウンセリングを定期的に実施する

→ カウンセリングなどで問題が発覚した場合には、その都度適切な措置を講じる

→ 労働者の安全や健康を守るために必要なことは何かを常に考えておく

法律は、雇用者に労働者の安全に配慮する義務があるとしていますが、不可能なことを要求してはいません。

## ◉ どのような対策を講じていくべきか

　安全配慮義務を果たすためにどのような対策を講じていくかについては、さまざまな場面が想定できるためにケース・バイ・ケースで考えていく必要があります。

　たとえば、物理的な危険な作業を伴う仕事に従事する労働者に対しては、物理的に労働者が危険な状態に置かれることを防ぐような措置を講じることが必要になります。また、労働時間が長くなりすぎてしまい、労働者が過労死するような状況が生じているような場合には、その労働者の仕事を他の人に振り分けるなどして、労働者の負担を軽減するような措置を講じることが要求されます。

　労働者の健康のために普段から行うべきことは、専門医によるカウンセリングを定期的に実施することです。そのカウンセリングにより何か問題が発覚した場合には、そのつど何らかの措置を講じることを考えることになります。

　いずれにしろ、雇用者が果たすべき安全配慮義務の内容は状況に応じて変化していきます。雇用者としては、労働者の安全や健康を守るために必要なことは何かを常に考えておく必要があります。

# メンタルヘルスの個人情報の管理について知っておこう

労働者の個人情報にも配慮しなければならない

## ● 個人情報は個人情報保護法で保護されている

　メンタルヘルスケアを行う際には、健康情報を含む労働者の個人情報の保護に配慮する必要があります。個人情報の保護に関しては、個人情報保護法で規制がなされているので、まずは個人情報保護法の内容を見ていきましょう。

　**個人情報保護法**では、個人情報取扱事業者（営利・非営利を問わず、事業のために個人情報を取り扱う個人や法人など）は、本来の利用目的に限定して個人情報を利用しなければならないとされています（16条）。つまり、利用目的を明示して個人情報を入手したにもかかわらず、その情報を他の事業のために流用して用いることは許されません。

　また、個人情報取扱事業者は、不正な手段による個人情報の取得が禁止される他、要配慮個人情報（病気や犯歴などに関する個人情報）については、法令に基づく場合等を除き、本人の同意を得ずに取得することが禁止されています（17条）。メンタルヘルス疾患に関する情報は要配慮個人情報に該当するため、このような情報を労働者から取得する際は、特に慎重に行わなければなりません。

　さらに、個人情報を取り扱う場合には、その個人情報の内容が正確な状態を保つようにしなければなりません（19条）。不正確な情報を用いることで個人に不利益が生じないようにしています。

　個人情報の安全管理措置も行う必要があります。個人情報取扱事業者は、個人情報の漏えいや滅失などを防止するため、必要かつ適切な措置を講じなければなりません（20条）。

　また、個人情報取扱事業者には、自ら保有する個人情報の対象であ

る本人の求めに応じて、個人情報を開示したり、個人情報の訂正・削除などを行ったりすることが要求されています。

このように、個人情報保護法において、個人情報取扱事業者にはさまざまな義務が課せられています。メンタルヘルスに関する情報は個人情報（場合によっては要配慮個人情報）に該当するので、個人情報保護法に反することがないように常に注意をする必要があります。

## ● 情報を取得・開示する際に気をつけること

事業者による労働者の健康情報の取得・開示については、「労働者の心の健康の保持増進のための指針」の中でも触れられています。そこで、労働者の健康情報を取得・開示する際に気をつけることについて、この指針に沿って紹介していきます。

まず、メンタルヘルスケアを推進するにあたって、労働者の個人情報を取得する際には、事業者はこれらの情報を取得する目的を労働者に明らかにして承諾を得るとともに、これらの情報を労働者本人から提供してもらうことが望ましいとされています。

また、健康情報を含む労働者の個人情報を第三者へ提供する場合も、原則として本人の同意を得ることが要求されています。ただし、緊急に労働者の生命や健康の保護をする必要性がある場合には、本人の同意を得ることに努めた上で、労働者の健康情報を利用することが認められています。

さらに、メンタルヘルスケアにおいては、さまざまな角度から労働者の健康を守るためのアプローチをすることになります。そのため、労働者の健康情報に触れる者も多くなることが予想されます。個人情報保護の観点からは、労働者の健康情報を扱うことが許される者を、あらかじめ事業所内の規程で定めておくべきであるとされています。

## ● 個人情報の取扱いにおいて重要なこと

　メンタルヘルスに関する情報を取得・開示する際に重要なことは、労働者本人の同意を得ることです。個人情報は、基本的には本人が管理すべき情報なので、個人情報を用いる際には、用途に応じて逐一本人の同意を得ることが望ましいといえます。また、後の紛争を防ぐために、個人情報を用いることについての本人の同意は、口頭ではなく書面で得ておくのがよいでしょう。

　ただし、本人の生命や身体を守るために健康情報を用いる緊急の必要があり、しかも本人の同意を得ている余裕がない場合には、本人の同意がなくても個人情報を用いることができます（個人情報保護法16条3項、23条1項を参照）。本人の同意を得られないからといって健康情報を用いることができず、それが原因で本人が命を落としてしまえば元も子もないからです。しかし、本人の同意なしに個人情報を用いることができる場面は、人の生死に関わる場合などかなり限定されていると考えるべきです。本人の同意なしに個人情報を用いることが許されるかどうかは、専門家とよく話し合った上で判断することが望ましいといえます。

### ■ 個人情報の取扱いに関する義務 ……………………………………

| ① 利用目的を特定しなければならない |
| --- |

| ② 利用目的に沿った項目のみを取得しなければならない |
| --- |

| ③ 取得に際しては利用目的を通知・公表しなければならない |
| --- |

| ④ 適正な手段によって取得しなければならない |
| --- |

| ⑤ 内容の正確性の確保に努めなければならない |
| --- |

| ⑥ 漏えい防止などの安全管理措置を講じなければならない |
| --- |

# 7 社員がうつ病になったらどうする

メンタルヘルス対策も事業者の義務

## ● 職場でのメンタルヘルス対策は重要

　近年、うつ病などの精神疾患にかかる人が増加しています。うつ病を発症する原因はさまざまですが、仕事のストレスや職場の人間関係などが原因となることもあります。中にはそのうつ病が原因で自殺してしまう人もいます。

　このような事態が起これば、会社側は優秀な人材を失うことになりますし、他の社員にも多大な影響を与えます。何よりも、社員が業務上の問題でうつ病になるということ自体、その会社のどこかに何らかの問題が潜んでいることを示唆しているといえます。

　職場においてメンタルヘルス対策を行うことは、職場をより働きやすい環境にするための対策にもなります。実際に精神疾患を発症した従業員だけでなく、現在は健康な従業員にとっても、経営者にとっても、重要なことだといえるでしょう。

## ● どんなケースが考えられるのか

　従業員がうつ病などの精神疾患を発症する業務上の要因としては、たとえば次のようなケースが挙げられます。

・長時間労働や休日出勤などにより、疲労が重なった
・重大なプロジェクトを任された
・海外などへの出張が多かった
・取引先とトラブルを起こした
・重いノルマを課せられた
・上司や部下、同僚との人間関係がうまくいかなかった

・セクハラやパワハラを受けた

## ● 精神障害は労災にあたるのか

　前述のような要因で精神疾患を発症した労働者が、休職することに
なったり自殺するようなことが起こった場合、労災保険による補償を
受けることができるのでしょうか。

　労働者がうつ病などの精神疾患を発症したという精神障害が労災と
して補償されるのかが、裁判で争われることもあります。

　以前は精神障害と業務との間の因果関係を証明することが難しいと
いう理由で、労災認定されるケースはまずありませんでした。近年で
も因果関係の証明が難しいことは変わりありませんが、判例などを見
ると労災認定されるケースが確実に増えてきています。

　そこで、厚生労働省は、精神障害の労災認定の基準として、**心理的
負荷による精神障害の認定基準**を作成しています。この認定基準は、
平成11年に示された「心理的負荷による精神障害等に係る業務上外の
判断指針について」という指針を改善したものです。

　この認定基準では、労働者に発病する精神障害は、業務による心理
的負荷、業務以外の心理的負荷、それぞれの労働者ごとの個人的要因
の３つが関係して起こることを前提とした上で、次の①〜③のすべて
の要件を満たすものを業務上の精神障害として扱うとしています。

① **対象疾病を発病していること**

　判断指針における「対象疾病に該当する精神障害」は、原則として
国際疾病分類第10回修正版（ICD-10）第Ⅴ章「精神および行動の障
害」に分類される精神障害とされています。

② **対象疾病の発病前おおむね６か月の間に、業務による強い心理的
　負荷が認められること**

　業務による心理的負荷の強度の判断にあたっては、精神障害発病前
おおむね６か月の間に、対象疾病の発病に関与したと考えられる業務

による、どのような出来事があり、また、その後の状況がどのような
ものであったのかを具体的に把握し、それらによる心理的負荷の強度
はどの程度であるかについて、認定基準の「業務による心理的負荷評
価表」を指標として「強」「中」「弱」の３段階に区分します（次ペー
ジ図）。

　具体的には次のように判断し、総合評価が「強」と判断される場合
には、②の認定要件を満たすものと判断されることになります。

### ・「特別な出来事」に該当する出来事がある場合

　発病前おおむね６か月の間に、「業務による心理的負荷評価表」の
「特別な出来事」に該当する業務による出来事が認められた場合には、
心理的負荷の総合評価が「強」と判断されます。

### ・「特別な出来事」に該当する出来事がない場合

　「特別な出来事」に該当する出来事がない場合は、認定基準が定める
「具体的出来事」に該当するか（または「具体的出来事」に近いか）の
判断、事実関係が合致する強度、個々の事案ごとの評価、といった方
法により心理的負荷の総合評価を行い、「強」「中」または「弱」の評
価をします。なお、令和２年６月から施行されたパワハラ防止対策強化
の法制化に伴い、具体的出来事にパワーハラスメントが追加されていま
す。人格や人間性を否定するような業務上明らかに必要のない又は業
務の目的を逸脱した精神攻撃が執拗に行われた場合などが該当します。

### ・出来事が複数ある場合の全体評価

　対象疾病の発病に関与する業務による出来事が複数ある場合、それ
ぞれの出来事の関連性などを考慮して、心理的負荷の程度を全体的に
評価します。

### ・時間外労働時間数の評価

　長時間労働については、たとえば、発病日から起算した直前の１か
月間におおむね160時間を超えるような極度の時間外労働を行った場
合などについては、当該極度の長時間労働に従事したことのみで心理

的負荷の総合評価が「強」とされます。

③ 業務以外の心理的負荷及び個体側要因により対象疾病を発病した
とは認められないこと

「業務以外の心理的負荷」が認められるかどうかは、認定基準が定
める「業務以外の心理的負荷評価表」を用いて検討します。評価の対
象となる出来事としては、次のようなものが挙げられています。

・自分の出来事

離婚や別居をした、重い病気にかかった、ケガをした、流産した場
合など

・自分以外の家族・親族の出来事

配偶者や子供、親または兄弟が死亡した、配偶者や子供が重い病気
にかかったり、ケガをした場合など

・金銭関係

多額の財産を損失したまたは突然大きな支出があった場合など

・事件、事故、災害の体験

天災や火災などに遭ったまたは犯罪に巻き込まれた場合など

つまり、②の認定基準において、業務による強い心理的負荷が認め
られたとしても、業務以外の心理的負荷や個体側要因が認められる場
合には、どの要因が最も強く精神障害の発症に影響したかを検討した
上で最終的な評価が出されるということです。

■ 心理的負荷の強度についての強・中・弱の区分 ⋯⋯⋯⋯⋯⋯⋯

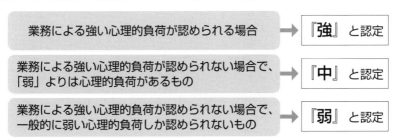

業務による強い心理的負荷が認められる場合 ➡ 『強』と認定

業務による強い心理的負荷が認められない場合で、
「弱」よりは心理的負荷があるもの ➡ 『中』と認定

業務による強い心理的負荷が認められない場合で、
一般的に弱い心理的負荷しか認められないもの ➡ 『弱』と認定

**Q** 上司からパワハラを受けたことで欠勤をしている従業員がいます。どんな場合がパワハラ行為にあたるのでしょうか。

**A** 職場におけるパワハラ（パワー・ハラスメント）の定義について厚生労働省は、職場において行われる①優越的な関係を背景とした言動であって、②業務上必要かつ相当な範囲を超えたものにより、③労働者の就業環境が害されるものであり、①から③のすべてを満たすものとしています。暴行・傷害などの身体的な攻撃はもちろん、脅迫・暴言・無視などの精神的な攻撃も含む、幅広い概念です。パワハラを行った従業員は、その被害を受けた者に対して不法行為に基づく損害賠償責任を負う可能性があります。さらに、会社も使用者責任として、その従業員とともに同様の責任を負うこともありますので、会社としてパワハラ対策を十分に講じておく必要性があります。

　また、令和2年6月施行の労働施策総合推進法（パワハラ防止法）の改正により、事業主に対してパワハラ防止のための雇用管理上の措置が義務付けられました（中小企業は令和4年3月までは努力義務）。具体的には、パワハラ防止のための事業主方針の策定・周知・啓発、相談・苦情に対する体制の整備、相談があった場合の迅速かつ適切な対応や被害者へのケアおよび再発防止措置の実施などが求められることになります。

●**具体的なパワハラの類型**

　パワハラの代表的な類型として以下の6つがあり、いずれも優越的な関係を背景に行われたものであることが前提です。

① **身体的な攻撃**

　暴行や傷害が該当します。たとえば殴打、足蹴りを行ったり、物を投げつけたりする行為が考えられます。

## ② 精神的な攻撃

　相手の性的指向や性自認に関する侮辱的な発言を含め、人格を否定するような言動や、業務上の失敗に関する必要以上に長時間にわたる厳しい叱責、他人の面前における大声での威圧的な叱責などが該当すると考えられます。

## ③ 人間関係からの切り離し

　自分の意に沿わない相手に対し、仕事を外し、長期間にわたって隔離する、または集団で無視して孤立させることなどが該当すると考えられます。

## ④ 過大な要求

　業務上明らかに不要なことや遂行不可能なことの強制が該当します。必要な教育を施さないまま新卒採用者に対して到底達成できないレベルの目標を課す、上司の私的な用事を部下に強制的に行わせることなどが該当すると考えられます。

## ⑤ 過小な要求

　業務上の合理性なく能力・経験・立場とかけ離れた程度の低い仕事を命じることなどが該当します。自ら退職を申し出させるため、管理職に対して雑用のみを行わせることなどが該当すると考えられます。

## ⑥ 個の侵害

　私的なことに過度に立ち入ることが該当します。合理的な理由なく従業員を職場外でも継続的に監視したり、業務上入手した従業員の性的指向・性自認や病歴、不妊治療等の機微な情報を、本人の了解を得ずに他の従業員に漏洩したりすることが該当すると考えられます。

　職場におけるパワーハラスメントに該当するかどうかを個別の事案について判断するためには、その事案におけるさまざまな要素を総合的に考慮することが必要です。一見パワハラに該当しないと思われるケースであっても、広く相談に応じる姿勢が求められます。

# 8 ストレスチェックについて知っておこう

定期健康診断のメンタル版といえる制度

## ● どんな制度なのか

　近年、仕事や職場に対する強い不安・悩み・ストレスを感じている労働者の割合が高くなりつつあることが問題視されています。

　こうした状況を受けて、**職場におけるストレスチェック（労働者の業務上の心理的負担の程度を把握するための検査）**が義務化されています。ストレスチェックの目的は、労働者自身が、自分にどの程度のストレスが蓄積しているのかを知ることにあります。自分自身が認識していないうちにストレスはたまり、状態が悪化してしまうと「うつ病」などの深刻なメンタルヘルス疾患につながってしまいます。そこで、ストレスが高い状態の労働者に対して、場合によっては医師の面接・助言を受けるきっかけを作るなどにより、メンタルヘルス疾患を未然に防止することがストレスチェックの最大の目的です。

　会社が労働者のストレス要因を知り職場環境を改善することも重要な目的です。**職場環境の改善**とは、仕事量に合わせた作業スペースの確保、労働者の生活に合わせた勤務形態への改善などが考えられます。また、仕事の役割や責任が明確になっているか、職場での意思決定への参加機会があるかの他、作業のローテーションなども職場環境の改善に含まれます。このような環境改善によって、労働者のストレスを軽減し、メンタルヘルス不調を未然に防止することが大切です。

　ストレスチェックは平成27年（2015年）12月から施行されている制度で、定期健康診断のメンタル版です。会社側が労働者のストレス状況を把握することと、労働者側が自身のストレス状況を見直すことができる効果があります。

具体的には、労働者にかかるストレスの状態を把握するため、アンケート形式の調査票に対する回答を求めます。調査票の内容は、仕事状況や職場の雰囲気、自身の状態や同僚・上司とのコミュニケーション具合など、さまざまな観点の質問が設けられています。ストレスチェックで使用する具体的な質問内容は、会社が自由に決定することができますが、厚生労働省のホームページから「標準的な調査票」を取得することも可能です。職場におけるストレスの状況は、職場環境に加え個人的な事情や健康など、さまざまな要因によって常に変化します。そのため、ストレスチェックは年に1回以上の定期的な実施が求められています。

## ● どんな会社でもストレスチェックが行われるのか

　ストレスチェックの対象になるのは、労働者が常時50人以上いる事業場です。この要件に該当する場合は、年に1回以上のストレスチェックの実施が求められています。ストレスチェックを義務付けられた事業所のうち、ストレスチェックの受検率は78.1％となっています（令和2年3月現在）。対象となる労働者は、常時雇用される労働者で、一

### ■ ストレスチェックの対象労働者 ……………………………………

| 事業所規模 | 雇用形態 | 実施義務 |
|---|---|---|
| 常時<br>50人以上 | 正社員 | 義務 |
| | 非正規雇用者（労働時間が正社員の3/4以上） | 義務 |
| | 上記以外の非正規雇用者、1年未満の短期雇用者 | 義務なし |
| | 派遣労働者 | 派遣元事業者の規模が50人以上なら義務 |
| 常時<br>50人未満 | 正社員 | 努力義務 |
| | 非正規雇用者（労働時間が正社員の3/4以上） | 努力義務 |
| | 上記以外の非正規雇用者、1年未満の短期雇用者 | 義務なし |
| | 派遣労働者 | 派遣元事業者の規模が50人未満なら努力義務 |

般健康診断の対象者と同じです。無期雇用の正社員に加え、1年以上の有期雇用者のうち労働時間が正社員の4分の3以上である者（パートタイム労働者やアルバイトなど）も対象です。派遣労働者の場合は、所属する派遣元で実施されるストレスェックの対象になります。

なお、健康診断とは異なり、ストレスチェックを受けることは労働者の義務ではありません。つまり、労働者はストレスチェックを強制されず、拒否する権利が認められています。しかし、ストレスチェックはメンタルヘルスの不調者を防ぐための防止措置であるため、会社は拒否をする労働者に対して、ストレスチェックによる効果や重要性について説明した上で、受診を勧めることが可能です。

ただし、あくまでも「勧めることができる」だけであり、ストレスチェックを強制することは許されません。また、ストレスチェックを拒否した労働者に対して、会社側は減給や賞与のカット、懲戒処分などの不利益な取扱いを行ってはいけません。反対に、ストレスチェックによる問題発覚を恐れ、労働者に対してストレスチェックを受けないよう強制することもできません。

## ◉ ストレスチェック実施時の主な流れ

ストレスチェックは、労働者のストレス状況の把握を目的とするメンタル版の定期健康診断です。ストレスチェック義務化に伴い、会社としては、これまで以上に体系的な労働者のストレス状況への対応が求められることになります。ストレスチェックについては、厚生労働省により、前述の調査票をはじめとしたさまざまな指針などが定められています。特に、労働者が安心してチェックを受けて、ストレス状態を適切に改善していくためには、ストレスという極めて個人的な情報について、適切に保護することが何よりも重要です。そのため、会社がストレスチェックに関する労働者の秘密を不正に入手することは許されず、ストレスチェック実施者等には法律により守秘義務が課さ

れ、違反した場合には刑罰が科されます。

ストレスチェックの具体的な内容については、次のようなものです。

① 会社は医師、保健師その他の厚生労働省令で定める者（以下「医師」という）による心理的負担の程度を把握するための検査（ストレスチェック）を行わなければならない。

② 会社はストレスチェックを受けた労働者に対して、医師からのストレスチェックの結果を通知する。なお、医師は、労働者の同意なしでストレスチェックの結果を会社に提供してはならない。

③ 会社はストレスチェックを受けて医師の面接指導を希望する労働者に対して、面接指導を行わなければならない。この場合、会社は当該申し出を理由に労働者に不利益な取扱いをしてはならない。

④ 会社は面接指導の結果を記録しておかなければならない。

⑤ 会社は面接指導の結果に基づき、労働者の健康を保持するために必要な措置について、医師の意見を聴かなければならない。

⑥ 会社は医師の意見を勘案（考慮）し、必要があると認める場合は、就業場所の変更・作業の転換・労働時間の短縮・深夜業の回数の減少などの措置を講ずる他、医師の意見の衛生委員会等への報告その他の適切な措置を講じなければならない。

■ ストレスチェックの流れ ……………………………………………

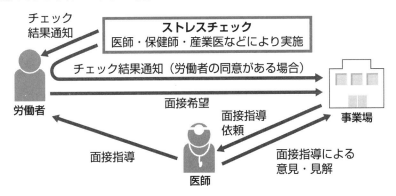

⑦　ストレスチェック、面接指導の従事者は、その実施に関して知った労働者の秘密を漏らしてはならない。

## ◉ 届出や報告などは不要なのか

　常時50人以上の労働者を使用する事業場において、ストレスチェックを1年に1回実施する必要があります。実施時期については指定されていないため、会社の都合で決定することができます。繁忙期や異動が多い時期は避ける傾向にあるようですが、一般的には、定期健康診断と同時に行われているようです。また、頻度についても年に1回と定められているだけで、複数回実施することも可能です。

　ストレスチェックを実施した後は、**心理的な負担の程度を把握するための検査結果等報告書**（次ページ）を労働基準監督署長へ提出しなければなりません。検査結果等報告書には、検査の実施者は面接指導の実施医師、検査や面接指導を受けた労働者の数などを記載します。ただし、ここで記載する面接指導を受けた労働者の人数には、ストレスチェック以外で行われた医師の面談の人数は含みません。

　また、提出は事業場ごとに行う必要があるため、事業場が複数ある会社が、本社でまとめて提出するという形をとることは不可能です。

　なお、雇用労働者が常時50人未満の会社の場合は、そもそもストレスチェックの実施が義務付けられていないため、報告書の提出義務はありません。

## ◉ 実施しなくても罰則はないのか

　ストレスチェックを実施しなかった場合の罰則規定は特に設けられていません。ただし、労働基準監督署長へ検査結果等報告書を提出しなかった場合は、罰則規定の対象になります。ストレスチェックを実施しなかった場合においても、労働基準監督署長へ報告書を提出しなければなりません。

## 書式　心理的な負担の程度を把握するための検査結果等報告書

様式第6号の2（第52条の21関係）（表面）

### 心理的な負担の程度を把握するための検査結果等報告書

```
80501
```

労働保険番号　1 1 1 1 1 1 1 1 1 1 1 1 1 1 1 1 1 1 1 1 1
都道府県 所掌 管轄 基幹番号 枝番号 被一括事業場番号

| 対象年 | 7:平成 9:令和 → 903 年分 | 検査実施年月 | 7:平成 9:令和 903 10 1〜9年は右↑ |

事業の種類　産業機械製造　　事業場の名称　GMM株式会社

事業場の所在地　郵便番号( ○○○-○○○○ )　東京都新宿区○○　　電話 ○○○（××××）△△△△

在籍労働者数　　125 人　右に詰めて記入する↑

| 検査を実施した者 | 1 | 1:事業場選任の産業医 2:事業場所属の医師（1以外の医師に限る。）、保健師、歯科医師、看護師、精神保健福祉士又は公認心理師 3:外部委託先の医師、保健師、歯科医師、看護師、精神保健福祉士又は公認心理師 | 検査を受けた労働者数 | 113 人 右に詰めて記入する↑ |

| 面接指導を実施した医師 | 1 | 1:事業場選任の産業医 2:事業場所属の医師（1以外の医師に限る。） 3:外部委託先の医師 | 面接指導を受けた労働者数 | 2 人 右に詰めて記入する↑ |

| 集団ごとの分析の実施の有無 | 1 | 1:検査結果の集団ごとの分析を行った 2:検査結果の集団ごとの分析を行っていない |

| 産業医 | 氏名　間 太朗 所属機関の名称及び所在地　東新宿病院　新宿区東新宿3-5-2 |

年　　月　　日　　　GMM株式会社
事業者職氏名　産業 太郎

新宿　労働基準監督署長殿

受付印

折り曲げる場合は、◀の所を谷に折り曲げること

# 9 メンタルヘルスへの取組みはどのように行えばよいのか

労働者と事業主双方の協力が必須

## ● どのように取り組んでいったらよいのか

　事業場がメンタルヘルスの問題に取り組む際には、何をどのように進めていくのか、どの範囲まで事業所が関わる必要があるのかといったことが問題になります。事業場内で起こる突発的な事故や中皮腫をはじめとする職業病など、身体的なケガや病気と違い、メンタルヘルスは発症の原因が多岐にわたるため、明確な対策が立てにくいという特徴があります。そのような現状を踏まえ、厚生労働省は、「労働者の心の健康の保持増進のための指針」の中で、メンタルヘルス対策を行うにあたっては、まず各事業場における労働安全衛生に関する計画の中に、事業場ごとの実態を考慮して策定した**「心の健康づくり計画」**を位置づけることが望ましいと示唆しています。

　「心の健康づくり計画」の策定にあたって定めるべき事項としては、次のような項目が挙げられています。

・事業者がメンタルヘルスケアを積極的に推進する旨の表明
・事業場における心の健康づくりの体制の整備
・事業場における問題点の把握及びメンタルヘルスケアの実施
・メンタルヘルスケアを行うために必要な人材の確保と外部専門機関等の活用
・労働者の健康情報の保護
・心の健康づくり計画の実施状況の評価及び計画の見直し
・その他労働者の心の健康づくりに必要な措置

　以上の項目だけを見ると、計画の内容はどんな企業でも大差ないよ

うに思われるかもしれませんが、そうではありません。一口にメンタルヘルスと言っても、各事業場が問題視しているポイントはそれぞれ違います。たとえば外部との接触が少なく、ストレスがたまりやすい事業場ではストレス軽減のための予防対策に重点を置きたいと考えるでしょうし、すでに心の健康を害して休職している労働者が多く出ている職場では、予防だけでなく復職後の対応が問題になっているといった具合です。計画を立てる際には、何よりもまず各事業場の現状を正確に把握することが重要になるといえるでしょう。

## ◉ いろいろなケアの仕方がある

「心の健康づくり計画」に盛り込む具体的なメンタルヘルスケアの方法としては、次のようなものがあります。

① セルフケア

労働者自身が行うメンタルヘルスケアです。ストレスや心の健康についての理解を深め、みずからストレスや心の問題を抱えていることに気づくこと、気づいた際にどのような対処方法があるかを知ることなどがその内容となります。

事業者は、研修の機会を設けるなど、労働者がセルフケアをすることができるよう、支援することが求められます。

② ラインによるケア

管理監督者（上司など）が行うメンタルヘルスケアです。労働者の労働条件や職場環境などをチェックし、過重なストレスがかかっている場合などには改善を進めていきます。また、何らかの問題を抱えた労働者の相談を受ける窓口としての役割を担うことも求められます。事業者は、管理監督者がこのようなケアを実施することができるよう、教育する必要があります。

③ 事業所内のスタッフ等によるケア

事業場内に設置した専門スタッフによるメンタルヘルスケアです。

専門的な立場から助言・指導などを行う産業医や衛生管理者、保健師、心の健康づくり専門スタッフ（産業カウンセラー、臨床心理士、心療内科医など）等が相談を受け付ける他、セルフケアやラインによるケアなどが効果的に行われるよう、支援する役割を担います。事業者は、その実情に応じて必要な専門スタッフを配置します。

### ④ 事業所外の専門機関等によるケア

社内に専門スタッフを配置できない場合やより専門的な知識を必要とする場合などには、事業場外の専門機関を活用してメンタルヘルスケアを行うのも一つの方法です。

主な専門機関としては、メンタルヘルス対策支援センターなどの公的機関の他、民間の専門医療機関などがあります。

## ● メンタルヘルス対策をする上で大切なこと

計画を立て、実際にメンタルヘルス対策を実行していく際には、次のような点を念頭に置いておく必要があります。

### ① メンタルヘルスの特性

人が心の健康を害する要因はさまざまです。同じ職場環境下に置かれても、本人の性格的なことやプライベートの状況などによって発症する人もいればしない人もいます。症状にも個人差がありますし、治癒までの過程も千差万別です。また、突然症状が現れたように見えても、実は長い時間をかけて負荷がかかり続けていたという場合も多く、原因が把握しにくいという特性があります。問題があっても周囲がなかなか気づくことができず、本人もある程度自覚はありながら積極的に治療しないというケースも多いので、定期的なチェックが望ましいといえるでしょう。

### ② 労働者のプライバシー保護

メンタルヘルス対策は、労働者の心という最もプライベートな部分に踏み込む行為です。その情報が確実に保護されるという保証がなけ

れば、労働者は相談したり、情報を提供すること自体を躊躇してしまいます。情報を外部に漏らさない、必要なこと以外には使用しない、使用にあたっては本人や医師などの同意を得るなど、プライバシー保護に関して細心の注意を払うことが重要です。

### ③　人事労務管理との協力

企業におけるメンタルヘルスの問題は、労働時間や業務内容、配属・異動といった人事労務の部分が密接に関係してきます。相談窓口を設けたり、個人情報の保護に配慮するなどの対策を講じても、人事労務部門との連携が不十分であれば、その対策の効果が半減してしまいますので、協力してメンタルヘルス対策に取り組んでいく体制を整える必要があります。

## ◉ 予防から再発防止まで

メンタルヘルス対策には、発症そのものを予防する対策、発症を早期発見・早期治療する対策、治療後の再発を予防する対策という３つの段階があります。この３つの段階は、それぞれ１次予防、２次予防、３次予防などと呼ばれています。具体的な内容としては、次のようなものが挙げられます。

### ①　１次予防

労働者に対し、メンタルヘルスに関する啓発・研修などを行ったり、職場の状況を調査し、過度なストレスがかかっていると判断される場合は組織変更や勤務態勢の変更など必要な対処を行います。１次予防の具体的な方法としては、次のようなものが挙げられます。

**・セルフチェックの定期実施**

自己診断のチェックシートなどを利用したセルフチェックを定期的に行い、労働者自身が自分のストレス度を客観的に把握し、ストレス解消を心がけることができるようにします。

**・アンケート調査や聞き取り調査の定期実施**

アンケート調査や管理監督者や専門家等による聞き取り調査を定期的に実施し、課題の把握に努めます。

・気軽に相談できる環境づくり

労働者は「相談したら仕事の評価に影響するのではないか」「バカにされたり怒られるのではないか」と考えると、何らかの問題があってもなかなか相談できません。このような悩みを抱えず、早目に相談できるような環境を作っておくことも重要です。

② 2次予防

メンタルヘルス疾患は長期にわたって少しずつ蓄積していくことが多く、期間が長くなればなるほど解決は困難になっていきますので、できるだけ早い気づきと対応が望ましいといえます。

メンタルヘルス疾患を早期に発見し、早期に対応するための対策を2次予防といいます。セルフチェックや管理監督者によるチェックでメンタルヘルスの問題に早期に気づき、必要に応じて専門家によるケアを受けます。

③ 3次予防

休職など治療を受けるための体制を整えたり、復職の際のフォローの体制を構築し、再発防止に努めます。

### ■ 予防から再発防止までの予防対策 ………………………………

| 1次予防 | 2次予防 | 3次予防 |
|---|---|---|
| 労働者のメンタルヘルス不調を未然に防止する対策をとること | メンタルヘルス不調を早期に発見し、早期に適切な措置を講じるための対策をとること | メンタルヘルス不調から回復して復職する労働者に対して、円滑な復職と再発防止対策をとること |

# 10 管理監督者はここに気を配る

部下を受容する姿勢で接する

## ◉ どんなきっかけで不調になるのか

　仕事の場においてメンタルヘルス疾患の原因となる事象としては、過重労働になっている、仕事を任せてもらえない、ノルマが厳しい、過度な期待をかけられる、パワハラ・セクハラを受けている、職場の人間関係が悪いなどが挙げられます。ただ、通常はこのような事象に一度や二度遭遇したからといって突然発症するわけではなく、徐々にストレスが蓄積していくのが一般的です。最初は自分で体調の変化に気づいても、「頑張れば何とかなる」と無理をしがちですが、だんだんと業務に支障をきたすことも増えていきます。このような状態になると、いっぱいになったコップの水が一滴の水滴によってあふれ出すのと同様に、上司のささいな一言や人事異動による職場環境の変化、新しい仕事への着手などといったことがきっかけで、急激に悪化してしまうこともあるのです。

　管理監督者は、そのような事態を招く前に、労働者のこころの健康状態を把握する必要があります。

## ◉ 本人の変化に気づくことが大切

　労働者がこころの健康を損なうようになると、業務上でもさまざまな変化が見られるようになります。一つひとつはささいな事象ですが、管理監督者は単に「やる気がない」「集中力が足りない」などと判断するのではなく、メンタルヘルス疾患の兆候かもしれないということを念頭に置いて部下を見ることが必要になります。特に次のような変化がないか、気をつけておくべきでしょう。

① 遅刻・早退・欠勤が増える

　メンタルヘルスに変調をきたすと、不眠が続いて朝起きられなくなったり、強い倦怠感を感じることが多くなります。このため、どうしても遅刻・早退・欠勤が増える傾向にあります。特に、今まで無遅刻無欠勤でまじめに勤務していた人が急に当日連絡で遅刻したり休んだりするようになった場合は、注意が必要です。

② 感情の起伏が激しい

　感情のコントロールができなくなるのも、メンタルヘルス疾患の特徴のひとつです。ささいなことで急に怒り出したり、泣き出す、ぼうっとしている時間が多くなる、昼食や飲み会などの誘いを断るようになるなどの現象が目につくようになります。

③ 業務上のミスが増える

　不眠や食欲減退などの症状が出始めると、どうしても集中力が低下し、必要な判断ができなくなります。このため、書類の記載ミスをしたり、電話やメールなどの連絡がきちんとできない、打ち合わせ時間を間違える、会議中に居眠りをしたり、ぼうっとして話を聞いていない、業務をスケジュールどおりに進行できないなど、業務に支障が出るようなミスを犯すことが多くなります。

## ● どのように接したらよいのか

　ある労働者がメンタルヘルス上の問題を抱えていることに気づいた場合、管理監督者はその人とどのように接していけばよいのでしょうか。

　勤務態度の悪化や業務上のミスといったことが続くと、業務進行の都合や他の社員の手前もあって、どうしても強く非難したり、制裁を与えるなどの方法で接してしまいがちです。また、強く励ましたり、優しく諭して発奮させようとする場合もあるでしょう。

　もちろん、相手の労働者が心身ともに健康な状態であれば、そのような方法も一定の効果がありますが、メンタルヘルス上の問題を抱え

ている労働者の場合、それがかえってストレスになり、状態が悪化してしまうことも少なくありません。

　そこで必要なことは、まず相手の労働者の話を聞くということです。「何だ、そんなことか」と思われるかもしれませんが、ただ「大丈夫か」と声をかけるだけでは、相手は本音を話してくれません。もっと悪いことは、途中で話をさえぎって説教を始めたり、自分の昔の武勇伝を話したりすることです。まずは、相手の話を黙って聞き、いっしょに「それはつらかっただろう」「困ったな」などと共感を示すことが大切です。そういった信頼関係を気づいた上で、何らかの対応策を示していくことが求められます。

　メンタルヘルス上の問題を抱える労働者がいる場合、相手の立場になって会話をすることで本音を聞き出す、客観的に問題点を把握する、どのような形でサポートできるかを具体的に考え、必要な対応策を示す、といった技術を身につけることが必要になります。

## ■ 管理監督者が気を配ること ……………………………………

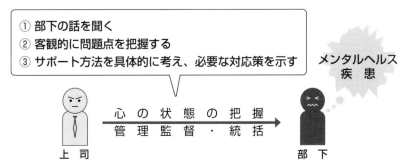

① 部下の話を聞く
② 客観的に問題点を把握する
③ サポート方法を具体的に考え、必要な対応策を示す

メンタルヘルス
疾　患

心　の　状　態　の　把　握
管　理　監　督　・　統　括

上　司　　　　　　　　　　　　　　　　　　部　下

# 11 職場復帰支援の方法を知っておこう

復職まで段階的な支援を行う

## ◉ 休職から復職までの流れをおさえる

　メンタルヘルス疾患が原因で休職（休業）した労働者がどのような流れで職場に復帰するかについては、厚生労働省が発表している、**心の健康問題により休業した労働者の職場復帰支援の手引き**が参考になります。この手引きでは、休職から復職に至るまでの流れを5つのステップに分けて説明しています。

　第1ステップは、「病気休業開始及び休業中のケア」になります。この段階でまず必要なことは、労働者による診断書の提出です。病気により休職する場合には、主治医が作成した診断書を労働者から提出してもらいます。診断書には病気休業を必要とすることや、職場復帰の準備を計画的に行えるよう必要な療養期間の見込みなどが記載されています。また、人事労務スタッフは、労働者が療養に専念できるように、休職期間中の事務手続き（傷病手当金、相談窓口など）などを行います。

　第2ステップは、「主治医による職場復帰可能の判断」になります。労働者から職場復帰の意思が伝えられると、事業者は労働者に対して主治医による職場復帰可能の判断が記された診断書を提出するよう伝えます。診断書には主治医の具体的な意見を記載してもらいます。

　第3ステップは、「職場復帰の可否の判断及び職場復帰支援プランの作成」になります。スムーズな職場復帰のためには、必要な情報の収集と評価を行った上で職場復帰の可否を適切に判断し、職場復帰を支援するための具体的プランを準備しておくことが必要です。

　第4ステップは、「最終的な職場復帰の決定」になります。職場復

帰の可否についての判断と職場復帰支援プランの作成を経て、事業者が最終的な職場復帰の決定を行います。この際、産業医（企業の内部で労働者の健康管理を行う医者）が選任されている事業場では、産業医の意見を参考にしながら、労働者の職場復帰のための手続きを進めて行きます。

　第5ステップは、「職場復帰後のフォローアップ」です。心の健康問題にはさまざまな要因が重なり合っていることが多いため、たとえ周到に職場復帰の準備を行ったとしても、実際にはさまざまな事情から当初の計画通りに職場復帰が進まないことがあります。そのため労働者の職場復帰支援においては、職場復帰後の経過観察と臨機応変にプランの見直しを行うことが必要です。

　以上の流れに沿って職場復帰を支援するためには、使用者と労働者が連絡を密にとり、現状把握に努めることはもちろん、産業医や主治医など医療関係者とのネットワークを確立すること、職場の上司や同僚に理解を求めることなどが必要になります。ただし、個人情報の保護には十分に配慮するようにしましょう。

### ■ 復帰支援の流れと各段階で行われること ……………………………

① **病気休業開始および休業中のケア**
↳ 労働者からの診断書の提出や管理監督者によるケアなど

② **主治医による職場復帰可能の判断**
↳ 産業医などによる精査や主治医への情報提供など

③ **職場復帰の可否の判断および職場復帰支援プランの作成**
↳ 情報の収集、職場復帰の可否についての判断、職場復帰支援プランの作成

④ **最終的な職場復帰の決定**
↳ 休職していた労働者の状態の最終確認など

⑤ **職場復帰後のフォローアップ**
↳ 職場復帰支援プランの実施状況の確認や治療状況の確認など

# 12 職場復帰についてこれだけはおさえておこう

さまざまな方向からのサポートが必要である

## ◉ 法律上はどのような基準があるのか

　労働者がメンタルヘルス疾患により休職し、疾患が治癒した場合には、労働者を職場に復帰させる必要があります。具体的には、労働者が雇用契約上の労務提供義務を果たせる状態になったときに、労働者を職場に復帰させます。労働者と会社とは雇用契約を締結していますが、雇用契約における義務を果たせるのであれば、労働者に働いてもらっても問題はないため、この段階で労働者は職場復帰します。

　ただし、労働者を職場に復帰させたとしても、メンタルヘルス疾患が再発しないように、労働者に配慮する必要があります。

## ◉ 医師から診断書だけで安心してはいけない

　メンタルヘルス疾患が原因となって休職している社員を復帰させるかどうかは、原則として医者の診断書を見て決定します。専門家である医者の意見を尊重して、労働者の復帰時期を決定することは妥当な方法です。

　しかし、労働者を診断している医者は、会社の状況などを把握しているわけではありません。労働者がどのような仕事をしているか、労働者の負担になる仕事が行われるのかといったことは、会社の関係者のみが理解しています。そのため、労働者の職場復帰を決定する際には、医者の意見を鵜呑みにすべきではありません。専門家である医者の意見を取り入れつつも、会社としての意見を医者に伝えることで、労働者の復帰時期を決定することが大切です。

## ◉ リハビリ勤務はどのように行う

　メンタルヘルス疾患にかかった労働者を復職させるために、段階的に労働者にかかる仕事上での負担を増やしていくことを**リハビリ勤務**といいます。メンタルヘルス疾患にかかった労働者が復職する際に、最初から以前と同じような仕事をこなすよう要求することは、ある程度の期間仕事から離れていた労働者にとっては大きな負担となってしまいます。そのため、復職した直後は負担の軽い仕事を行ってもらい、徐々に仕事の量を増やして、段階的に元の状態に戻していくことが必要になります。

　具体的には、勤務時間を短縮した状態で復職してもらったり、仕事量を減らすことになります。勤務時間が長くなると、労働者にとっては負担となります。そのため、復職した最初の1週間は半日勤務とするなど、勤務時間の面で労働者に負担がかからないように配慮します。

　また、勤務時間を減らしたとしても、仕事量が多ければ労働者にとっては負担になります。そのため、復職当初の仕事量は、通常の半分程度にするなどの配慮をすることが必要です。

　仕事の量だけではなく、仕事の内容面でも労働者に配慮することが必要です。たとえば、裁量権の広い仕事は労働者が自由に決定できる事項が多いのですが、その分労働者の責任が重くなります。重い責任がかかることは労働者にとっては負担になりますので、復職当初の労働者には裁量権の狭い仕事を与えるといった配慮が必要になります。

　なお、これらのことは、労働者の意向や医者の意見も取り入れながら決定します。労働者に意欲があるようでしたら積極的に仕事を与えていくべきですし、ドクターストップがかかるようでしたら負担の大きい仕事を回してはいけません。

## ◉ 復職する際の方針を決めておく

　メンタルヘルス疾患から復帰する労働者に対しては、復職後の会社

としての対応方針を示しておくことが必要です。職場から離れていた期間が短い場合には、労働者もすぐに職場に復帰できる可能性が高いので、会社としての方針を特別に決めておく必要性は低いといえます。しかし、長期間職場から離れていた労働者の場合、職場復帰のために段階的なステップを踏むことになるので、会社としての方針を決めておく必要があります。

　まず決めておくべきことは、労働者が当初の復職計画通りに出勤できていないときに、会社としてどう対応するかについてです。

　メンタルヘルス疾患にかかった労働者は、会社に出勤することも難しい状態から復職してくるので、当初の復職計画通りに出勤できない可能性があります。そのような事態に備えるために、復職後に欠勤した場合にどうするか、労働者と会社との間で取り決めをしておくことが必要です。具体的には、どのような場合には有給休暇の扱いとするか、医師の診断書の提出を必要とするのはどのような場合か、といったことを詳しく決めておきます。

　また、復職後の労働者に与える仕事の内容についても、あらかじめ会社で方針を定めておきます。たとえば、復職後の労働者に対する仕事の進捗状況の管理は誰が行うかといったことや、仕事が過度な負担となっていないかについての労働者と話し合う機会をどのくらいのペースで設けるかといったことを決めておきます。

## ● 家族や人事労務担当などのサポートも大切

　メンタルヘルス疾患にかかった労働者が職場に復帰する際には、人事労務担当者や労働者の家族のサポートも必要です。

　人事労務担当者は、会社全体として復職した労働者をどのようにサポートするかを決定します。たとえば、復職した労働者が、当初の所属していた部署で働くことは難しいと判明した場合には、その労働者を他の部署に配置転換します。そして、労働者が仕事に慣れて当初の

部署に戻っても問題ないようであれば、労働者を元の部署に戻します。また、会社内に保健スタッフがいる場合には、保健スタッフと労働者がよく話し合いをすることが必要です。

　また、労働者の家族には、職場外で労働者をサポートしてもらいます。メンタルヘルス疾患は、職場内での出来事だけでなく、家庭内でのことも原因となって発症している可能性があります。そのため、家庭で労働者がストレスを感じることがないように家族に配慮してもらうことが必要です。特に、女性の労働者であれば、家庭で家事をこなさなければならないかもしれませんが、家事が大きな負担となっている可能性があります。そのため、家族には家事の負担が大きくならないように配慮してもらう必要があります。さらに、普段の生活が乱れていると、労働者の健康に悪影響がでてしまいます。そのため、労働者の家族には、労働者が規則正しい生活を送るようなサポートもしてもらいます。

### ■ 労働者が職場復帰する場合に会社が注意すべきこと ……………

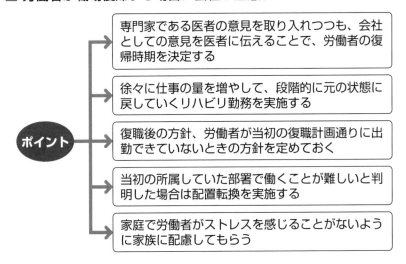

ポイント

- 専門家である医者の意見を取り入れつつも、会社としての意見を医者に伝えることで、労働者の復帰時期を決定する
- 徐々に仕事の量を増やして、段階的に元の状態に戻していくリハビリ勤務を実施する
- 復職後の方針、労働者が当初の復職計画通りに出勤できていないときの方針を定めておく
- 当初の所属していた部署で働くことが難しいと判明した場合は配置転換を実施する
- 家庭で労働者がストレスを感じることがないように家族に配慮してもらう

# 13 復職後の業務遂行の仕方について知っておこう

徐々に復職できるような体制を作る

## ● どんなことに気をつけたらよいか

　メンタルヘルス疾患を発症して休職（休業）をしていた労働者が復職する場合、そのまま元の職場に戻せばよいのかというと、そうではありません。もちろん、元の職場に戻れるケースもありますが、職場の人間関係や労働環境がきっかけでメンタルヘルス疾患を発症した場合、状況が変わっていなければ、せっかく完治していても再度発症してしまうことがあるからです。

　また、その点を考慮して別の部署に配属したとしても、すぐにフルタイムでバリバリ働けるとは限りません。メンタルヘルス疾患の治療には時間がかかることが多く、休職期間が終わってからも治療が必要な場合があるからです。

　本人も、迎える職場側も、できるだけ早く元のように働き、業績を上げていきたいというのが本音だと思われますが、無理をして復職するとかえって問題が大きくなることもあります。このため、復職後の業務遂行に際しては、次のような点に留意しながら進めていくことが求められます。

### ① 安定して勤務ができるか

　決められた時間に出勤できることが、まず第一歩です。フレックスタイム制を利用したり、短時間労働にする、配属先を負担の軽い部署に変えるなどの対応をして、徐々に慣れてもらうようにするとよいでしょう。

　実際の業務を始める前に、試しに時間通りに出勤し、特に業務は行わず、本を読んだりレポートを書いたりして勤務時間を過ごしてみる

という試し出勤制度を設けるのも一つの方法です。

② 予定を立て、それに沿って業務が進められるか

自分で業務の負担をコントロールできるかどうかは、仕事を任せる上でも、メンタルヘルスの面でも、非常に大きなポイントとなります。

復職したばかりの人はなかなかペースがつかめず、必要な仕事量をこなせなかったり、「早く信頼を取り戻さなければ」「本当に復帰できるのか」といった焦りと不安から、やたらとたくさんの仕事を引き受けようとすることがあります。

まずは業務を行う前にスケジュールを立ててもらい、上司がそのとおりに無理なく進めることができているかを確認しながら進めていく体制をとるとよいでしょう。

③ 問題が発生した際に相談ができるか

進捗が滞っていたり、ミスをしてしまった場合、できるだけ迅速に相談・報告して対応策を考えることが必要ですが、復職したばかりの人は正しい判断ができなくなっていることがあります。また、体調不良を感じていても、なかなか自分から言い出せない場合もあります。そのため、上司（管理監督者）がヒアリングの場を設けたり、定期的に産業医等の専門スタッフのカウンセリングを受けるように促すことが必要です。

■ 復職後の業務遂行の評価ポイントと注意点 ……………………

| ポイント | | 注意点 |
|---|---|---|
| ○安定した勤務ができるか | → | 試し出勤制度などで様子を見る |
| ○予定通りに業務を進められるか | → | 上司が確認しながら進めていく体制をとる |
| ○トラブル発生時に相談できるか | → | 定期的なヒアリング、カウンセリングの機会の設置 |

# 14

# 復職についての注意点について知っておこう

休職前の状態に戻すのが原則

## ◉ 復職するための要件を定めることはできるか

　休職していた労働者が復職を求めてきたときに備え、使用者は就業規則等に「復職可能な状態に回復したという内容の医師の診断書を提出すること」といった要件を設定することができます。就業規則の規定には合理性が必要とされていますが、治癒しないまま復帰すると業務に支障が出るといった事情があるのであれば、要件を定めることには合理性があると解釈できるでしょう。

　ただ、休職期間中に復職可能な状態に治癒しなかった場合などが問題になります。期間を超えても要件を満たす状態に回復しなかった場合、退職を求めることになりますが、判例では完全に治癒していなくても、ある程度回復しており、しばらく軽易な業務に就かせて慣らしていけば短期間のうちに復職できるという状態であれば、使用者は復職後の配属先などに配慮すべきとされています。

　つまり、たとえ就業規則に要件を設定していても、裁判になれば無効とされる可能性もあると考えられるわけですが、もともと私傷病休職の制度は法律等に規定されておらず、会社の裁量として設定するものですから、使用者側の一つの目安を示すものとして復職時の要件を設定しておくべきだといえるでしょう。

## ◉ 復職の可否を判断する期間についての賃金の支払について

　メンタルヘルス疾患の場合、完治して職場復帰したとしても以前と同じように働けないことが多くあります。そこで、職場復帰する前に復職の可否を判断するために、職場に試験的に一定期間出勤させるこ

とがあります。休職期間中に通常の勤務時間に職場にいることができるかを試験し、徐々に仕事をしていくようにします。これを「試し出勤」あるいは**リハビリ勤務（リハビリ出勤）**といいます。出勤しても業務に携わらなければ休職期間中として扱われ、賃金を支払う必要はありません。しかし名目上は休職期間中でも作業の指示をしたり業務に関わる作業をさせたりすると、それが軽易なものであっても賃金を支払わなければなりません。ただしその額は休職前より減額しても問題はありません。ただ、就業規則にその旨を記載するなど事前の対応をしておく方が無難でしょう。

## ● 休職前の待遇を維持しないといけないのか

たとえば係長の立場にいる人が休職した場合、復職時には休職前と同じ係長の立場に戻すなど、休職前の待遇を維持するのが一般的です。ただ、係長が休職することで業務に支障が出るため別の人間を係長にしていて戻る席がない場合や、病気の再発防止のために配置転換が必要になることもあります。このような場合、休職前とは業務内容や勤務時間などが変わってきますので、就業規則や賃金規程に沿って待遇を変更することになるでしょう。

他部署への異動については、まずその休職者が職種限定の雇用であ

### ■ 復職時の待遇を決めるときに気をつけること ……………………

復職時の待遇
- 業務量を減らす・業務内容を簡易なものにする
- 原則として休職前の立場に戻す
- 賃金は原則として休職前の水準を維持する
- 業務内容に変更がある場合には、それに応じて賃金の額を変える

るかどうかが問題になります。たとえば休職者が医師や看護師といった専門職であった場合、経理部などの事務職に配置転換して復職させるのは困難でしょう。なお、職種限定の雇用の場合、たとえ「軽易な業務であれば復職可能」な状態に回復したとしても、職種を変えて職場復帰させるような配慮はしなくてもよいと考えられます。

　一方、一般職での雇用であった場合、合理的な理由があれば使用者は労働者に配転を命じる権利を有しています。つまり、休職者を他部門に異動させた上で職場復帰させることも可能ということです。待遇の変更は、場合によっては労働者が納得せず、訴訟などのトラブルに発展する可能性もあります。このため、就業規則に「休職した場合は、所属を人事部預かりとする」「休職前と異なる職種に配置することもある」など復職時の待遇を明記し、休職の際に労使双方で確認をとっておくと理解が得やすくなります。

## ● 復職時の賃金はどうなる

　復職時の賃金については、その待遇をどのようにするかによって異なってきます。休職前の待遇にそのまま戻るのであれば、賃金も休職前と同じとするのが原則です。一方、業務内容や勤務時間が変わったり、リハビリ期間を設けるなど待遇に変更がある場合には、その待遇に応じて賃金も変更することになります。たとえば専門職から一般職に変わるのであれば、職種ごとに定められた賃金規程に沿って賃金の額を変更することになりますし、勤続年数によって昇給するといった規定がある場合には、休職期間を勤続年数に含むかどうかによって昇給額が違ってきたりします。

　また、リハビリ期間中は業務が軽易になる分、賃金を何％か減額することもあります。

# 15

# 使用者が注意すべきことを知っておこう

場合によっては損害賠償請求される可能性もある

## ● 復職可能な者を退職させた場合

　労働者に長期にわたって休職されることは、使用者にとっては業務的にも経済的にも大きな負担になります。できれば早期に復職してほしいが、それが無理なら退職してもらい、新しい人員を雇用したいと考えることもあるでしょう。しかし、休職者を退職させる際には、その判断が合理的なものであるかどうかを十分確認しておかなければなりません。復職を認めるべき状態であるにもかかわらず故意または過失によって退職させてしまった場合、単に退職が無効になるだけではなく、退職によって生じた損害を賠償する義務を負う可能性もあるからです。具体的には、以下の点に留意する必要があります。

・定められた休職期間を満了しているか
・復職可能な状態まで回復しているか
・医師の診断書の提出など、休職規程に定めた要件を満たしているか

## ● 休職期間の延長規定を設けているのに適用しなかった場合

　通常、休職期間を満了した段階で復職可能な状態にまで治癒していなかった場合、その休職者は退職もしくは解雇扱いとされるのが一般的です。では、休職期間の延長規定を設けている会社の場合、休職者からの請求を受けると必ず延長を認めなければならないのでしょうか。

　本来、休職制度を設けること自体、法律上の義務ではなく、使用者側の裁量の範囲で行われるものですから、休職の延長規定の適用も使用者側の任意で行えばよいと考えるのが妥当かもしれません。しかし、制度の適用が可能な状態であるにもかかわらず、使用者が一方的に適

用を拒否したり、怠ったりした場合には、使用者の権利の濫用と判断され、休職の延長を認めなければならなくなる可能性があるということです。

　休職期間の延長規定を設定する際には、適用基準があいまいにならないよう、明確な要件を定めておくべきでしょう。

## ◉ 復職後の就労について配慮を怠った場合

　休職者が復職する際も使用者には復職者がケガや病気を再発しないよう、業務内容や環境等を整備する義務があります。

　では、復職後の就労についての配慮とは、どのようなことを言うのでしょうか。一般的な安全配慮義務とは、その事業所に勤務するすべての労働者が安全かつ快適に労働することができるよう、事業所内の設備や器具を整えたり、業務量の配分を検討するなど、事業所全体の安全について配慮することをいいます。一方、休職者が復職する際の配慮は、その労働者ごとの事情に合わせ、個別に内容を検討する必要があります。たとえば過労からうつ病を発症し、休職したＡさんという労働者が復職した場合、発症前のＡさんや他の労働者であれば十分に許容範囲である業務内容でも、復職直後のＡさんにとっては大きな負担となる可能性があります。使用者は、このようなＡさんの状況を認識し、Ａさんが再び過労によってうつ病を発症することがないよう、本人や産業医の意見を聞くなどして業務内容を軽減したり、配置転換をするなど個別の配慮をしなければなりません。その配慮を怠った結果、Ａさんの心身の状態が悪化すれば、使用者は安全配慮義務違反をしたと判断され、損害賠償責任を負うことになります。

# 16 復職後再発してしまった場合にはどうすればよいのか

業務の負担の軽減や、再度の休業を検討する

## ● 再発した場合の対応策

メンタルヘルス疾患は、完治したと見られていても、その後に再発する可能性があります。特に、復職直後は仕事に慣れなければいけないので、メンタルヘルス疾患が再発する危険性が高いようです。そのため、メンタルヘルス疾患が再発しないよう慎重な対応が必要とされ、仮にメンタルヘルス疾患が再発してしまった場合には疾患を悪化させないような措置を講じることになります。

メンタルヘルス疾患が再発した場合の対応策としては、業務の負担を軽減したり、再び労働者を休業させるなどの措置を講じることになります。どのような措置を講じるべきかについては、主治医の意見を参考にしながら決定します。

もし、メンタルヘルス疾患にかかった労働者が復職と休業を繰り返している場合には、復職計画は慎重に策定する必要があります。あらかじめメンタルヘルス疾患を原因とする休職や休業について就業規則や休職規程に規定を設け、どのような場合に復職できるのか、理解してもらうようにしましょう。

## ● 再発も考慮して規定を整備する

私傷病による休職者が復帰しても、退職を逃れるためにまだ完治しないまま職場復帰をしてしまうと、病状が悪化し、再度欠勤を繰り返すことも考えられます。特にメンタルヘルス疾患の場合、中途半端な回復状況で職場に戻ると、再発しやすいといわれています。このような場合でも特別な規定がなければ、一度復帰したことでまた新たな休

職期間をスタートさせることが可能となり、実質的には無期限の休職期間が可能となります。労働者の立場からすると、欠勤や休職しなければならない状況では再就職もできないので、そのまま社員としての身分を維持したいことになります。一方、会社側からすれば労務管理上好ましいとはいえず、社会保険料の負担による損失だけでなく、場合によっては他の社員への悪影響も考えられます。

　そこで、このような場合は、一定期間内に同一の傷病により休職する場合は、前後の休職期間を合算できるように規定しておくことでトラブルを防ぐことができます。

　たとえば、「一度に休職できるのは30日が上限である」という規定を置き、同じ原因で再度の休職を命じる際には、30日から最初の休職期間を引いた日数が休職期間になるという制度にすることもできます。休職期間を通算するかどうかは企業側が決めることができるので、混乱を避けるためにはあらかじめ規定を置いておくべきだといえるでしょう。また、近年のメンタルヘルス疾患が増加する社会背景の中、労働者保護の見地から、休職期間満了時に完治が疑わしいときは、休職期間の延長もできるような規定が効果的です。そもそも休職は、労働者の健康管理から発生した制度なので、会社にとって、労働者にとってどのような制度が最適なのかを検討する必要があります。

■ 復職と休職を繰り返す場合 ………………………………………………

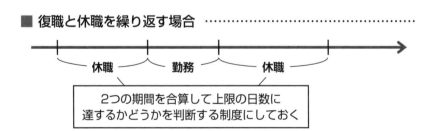

**Q** 休職と復職を繰り返す社員にはどのように対処すればよいのでしょうか。

**A** 再発の原因として、以前と同じように負荷のかかる仕事をさせることが問題であることがあります。このような場合は配置転換をしたり作業を軽減したりして、ストレスの原因を排除することが必要になります。会社の事情が許すのであれば積極的に検討すべき方法です。

　配置転換については、128ページでも述べたとおり、認められないケースもありますが、通常、日本の企業の場合は、労働者と職種限定契約を締結してはいません。そのため、休職後も従前の仕事を続けることが不可能であるという場合には労働者に対して配転命令を出すことが可能です。しかし、外資系企業の場合、労働者と職種限定契約を締結しているところもあり、その場合には、従前の仕事を続けてもらえるかどうかを検討する必要があります。

●**解雇について**

　私傷病を理由とする休職を繰り返す社員に解雇という形で対処することも時には検討せざるを得ないでしょう。休職から復帰した後、勤務態度が悪いという場合には、その労働者の解雇を検討します。

　もちろんその旨を就業規則に規定しなければなりません。問題は、解雇の可否と手続きです。うつ病の場合、仕事が原因である可能性が高く、業務上の疾病と認定される件数も増加傾向にあります。業務上の疾病と認定された場合は、休業期間中及びその30日後までは解雇できません。解雇する場合には、解雇予告（194ページ）や解雇予告手当（29、194ページ）が必要になります。解雇した後に解雇無効の申立てをされることもありますので注意が必要です。

　なお、休職から復帰した直後から労働者の勤務態度が悪化しているという場合、病気やケガを引きずっていることが原因となっている可

能性があります。そのような場合、すぐに労働者の解雇を行うべきではなく、もう一度休職命令を出すなどの措置を講じます。それでも勤務態度が改善されない場合には、その労働者の解雇の手続をとります。

●**制度を悪用しているような場合にはどうする**

　会社の休職制度が悪用され、休職・復職が繰り返し行われてしまうというケースもあります。たとえば、私傷病休職制度（32ページ）を制度化している会社の労働者が、働くことができる状態であるにもかかわらず医師に頼んで虚偽の診断書を会社に提出し、私傷病休職制度を利用することが考えられます。

　労働者を解雇する場合には、客観的な合理性があることが必要ですが、企業をだまして休職制度を利用しようとする行為はかなり悪質な行為だといえます。そのため、休職制度を悪用している労働者を解雇することは可能です。

■ **考えられる対応策と問題点** ……………………………………

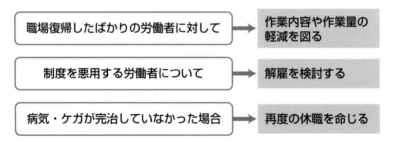

# 第4章

# 休業・休職と関わる
# 事務・社会保険手続き

# 1 休職に関わる書式をあらか じめ用意する

書類には根拠となる規程の条項を記載する

## ◉ 書式の記載の作成ポイント

　休職伺（次ページ）は、休職を願い出る労働者が記載する書類ですが、会社で休職期間、休職理由などを記載できる書式を用意しておくこともできます。休職の時期、具体的な休職期間については、就業規則などを踏まえ、会社が辞令を交付して決定することになります。休職伺に対して発する書類が**休職辞令**（138ページ）です。休職を認める期間や復職に際しての条件、待遇などを明記します。一般的には「ノーワーク・ノーペイの原則」によって休職期間中の賃金を無給とするケースが多いようです。

　**休職期間延長通知書**（139ページ）は、すでに発令されている休職期間の延長を知らせる書類です。どの規程に基づいて休職期間を延長するのかを明示します。休職期間満了に伴う**退職通知書**（140ページ）は、休職期間終了と同時に自動的に退職する場合に、その旨を知らせる書類です。根拠規定の条項や通知の効力が発生する日付などを記載します。

　休職期間満了に伴う**解雇通知書**（140ページ）は、休職期間終了と同時に労働者を解雇する場合に送付する書類です。解雇予告手当を支払う旨を記載する必要があります。

　**復職合意書**（141ページ）は、直ちに休職前と同じ業務に従事することができない場合に作成する書類です。復職合意書には、休職明けの労働者がどのような労働条件で勤務するかを記載します。書式は、段階的に休職前の水準に作業内容を戻していくという内容になっています。

令和○年○月○日

人事部長

○○部○○課○○○○　　㊞

## 休職伺

　○○部○○課所属○○○○について、下記の事情により休職扱いとするようお願い致します。

記

1．事由　（　　　　　　　　　　　　　　　　　　　）
2．期間　令和○年○月○日　～　令和○年○月○日

以上

**休職辞令**

令和○年○月○日

○○部○○課

○○○○殿

　上記の者　就業規則第○条に基づいて休職を命ずる。条件は下記のとおりとする。

記

1　休職の期間　　（自）令和○年○月○日
　　　　　　　　　（至）令和○年○月○日
2　給与　　　　　就業規則休職規程による。
3　復職　　　　　休職事由解消の際には、期間の満了を待たずに復職を求めることがある。
　　　　　　　　　また、期間満了に至っても休職事由が解消されない等の事情がある場合は期間を延長することがある。

以上

株式会社○○○○
代表取締役社長○○○○　㊞

令和○年○月○日

○○　○○　殿

株式会社○○○○
人事部　○○　○○

## 休職期間延長通知書

　貴殿には、休職規程第○条○項に該当する休職事由があることから、休職を命じていました。

　しかし、休職期間満了時においても、職場復帰が可能と認められる程度には、貴殿の健康は回復しておりません。

　よって、休職規程第○条○項に定める休職期間延長に該当する事由があると判断し、貴殿に対して、さらに○週間休職することを命じます。

以上

令和○年○月○日

○○　○○殿

株式会社○○○○

人事部　　○○○○

### 休職期間満了に伴う退職通知書

　貴殿には、休職規程第○条○項に該当する休職事由があることから、休職を命じていました。

　しかし、残念ながら、休職期間満了時においても、貴殿の健康状態は回復せず、職場復帰の見込みがありません。

　よって、休職規程第○条に基づき、休職期間満了日である令和○年○月○日限りで、自然退職となる旨を通知致します。

以上

令和○年○月○日

○○　○○　殿

株式会社　○○○○

人事部　　○○○○

### 休職期間満了に伴う解雇通知書

　貴殿には、休職規程○条○項に該当する休職事由があることから、休職を命じておりました。

　しかしながら、休職期間満了時においても、貴殿は職場に復帰できる見込みがありません。

　よって、就業規則第○条に基づき、解雇する旨を通知いたします。

　なお、解雇予告手当については、貴殿の給与振込口座に振込送金してお支払いしたので、ご確認ください。

以上

令和○年○月○日

株式会社　○○○○
人事部　　○○○○

従業員　　○○○○

### 復職合意書

　○○○○は、休職規程第○条○項にもとづき、令和○年○月○日から休職している。

　令和○年○月○日に、休職期間が満了するが、○○○○の主治医から、当面はストレスのかからない業務に従事することを条件に職場復帰が可能である旨の診断書が提出された。会社としては、産業医の意見を聴いた上で、休職前の業務への○○○○の復帰の可能性を見極める必要がある。

　そこで、下記条件にて、休職期間満了日の翌日に、○○○○は職場復帰することを、会社と○○○○は合意した。

記

1　○○○○は、負担の少ない○○の業務に従事することとし、○○の業務に従事する期間は３か月とする。この期間をリハビリ期間という。

2 リハビリ期間中の労働時間・賃金・業務内容は以下のとおりとする。

| 期間 | 労働時間 | 業務内容 | 賃金 |
|---|---|---|---|
| リハビリ期間<br>1か月目 | 11時〜15時 | A業務<br>B業務 | 休職前の賃金の<br>7割 |
| リハビリ期間<br>2か月目 | 10時〜16時<br>（休憩1時間） | A業務<br>B業務<br>C業務 | 休職前の賃金の<br>8割 |
| リハビリ期間<br>3か月目 | 10時〜17時<br>（休憩1時間） | A業務<br>B業務<br>C業務<br>D業務 | 休職前の賃金の<br>9割 |

3 リハビリ期間中に、再度同一の傷病を理由として業務への従事が不可能となった場合には、休職規程第○条○項に基づき、再度の休職を命じる。

4 リハビリ期間中、○○○○は、定期的に医師の診断書を提出し、会社の指定する医師の診断に従う。

5 ○○○○は、リハビリ期間を終了し、本格的に職場復帰をする際には、会社の指定する医師の診断を受ける。

以上

# 2 休職者がでた場合の給与計算事務について知っておこう

社会保険料の本人負担分の処理に注意する

## ◉ どんな場合に対象になるのか

　社会保険や労働保険が適用される多くの会社では、雇用する労働者についての社会保険料や労働保険料を年金事務所や都道府県労働局などに納付していますが、労働者が休職した場合の社会保険料や労働保険料の取扱いについて知っておく必要があります。休職の原因となる事由にはさまざまなものがありますが、どのような理由で休職する場合であっても基本的に取扱いは同じです。ただし、育児休業については、社会保険料の免除（241ページ）や将来の年金額が低くなりすぎないようにするための特例が認められています。

## ◉ 労働保険料はどのような扱いになるのか

　労働保険料は支給された賃金を基準に計算し、納付することになります。したがって休職者に賃金が支給されない場合は、その間の労働保険料は発生しません。また、賃金の一部が支給される場合は、その支給された一部の賃金に保険料率を掛けたものが労働保険料となります。この扱いは労働保険の一元適用事業（労災保険と雇用保険の保険料の申告・納付などを１つの労働保険関係として取り扱う事業）でも二元適用事業（労災保険の保険関係と雇用保険の保険関係を別個のものとして取り扱う事業）でも変わりません。休職または休業となった理由に関係なく、同じ計算方法をとります。

　労働保険料には、労災保険料と雇用保険料があります。労災保険料は全額会社負担となりますので、休職者を含めた全従業員の賃金の合計額に労働保険料率を掛けて計算すればよいため、休職者の有無は実

務作業においてはほとんど影響がありません。

## ◉ 雇用保険料はどのような扱いになるのか

失業等給付の保険料分については労働者の負担分がありますので、実際に支給された賃金に所定の保険料率（令和3年4月1日から令和4年3月31日までは1000分の3もしくは1000分の4）を掛けて雇用保険料を計算し、支給額から控除する必要があります。

休職により支給される賃金がない場合は雇用保険料も発生しません。また、健康保険から傷病手当金（53ページ）が支払われていた場合であっても、傷病手当金は賃金ではないため、傷病手当金に対して雇用保険料はかかりません。

## ◉ 労働保険料算定との関係

労働保険料の納付は、毎年6月1日から7月10日までの間に、前年の4月1日から3月31日までに支払われた賃金を基礎に保険料を計算し、納付することになります（年度更新）。1年間に支払った賃金の総額に、労災保険料率、雇用保険料率をそれぞれ掛けて保険料を確定させます。ここで、前年に納付した概算保険料との差額を調整します。

したがって休職者がいることで、支払われなかったり減額されたりした賃金は保険料算出の基礎から除外されることになります。また、当年の4月1日から翌年の3月31日までの賃金総額の見込みが前年の賃金総額と大きな変動がない場合は、前年の4月1日から3月31日までに支払われた賃金を基礎に新年度分の概算保険料が計算され、納付することになります。

なお、休職の原因が業務上の災害の場合、休業の第1日から第3日の分については労災保険から休業補償の給付が支給されませんので、会社が3日分の休業補償をしなければなりません。休業補償費は雇用保険法の規定により賃金とはされませんので、労働保険料算定の基礎

から除外されます。

　また、会社都合により、仕事がなく休業するような場合は休業手当を支払わなければなりません。休業手当は賃金とされていますので、通常の賃金と合算して労働保険料計算の基礎となります。

　ところで、労働者が休職または休業した場合、監督官庁などへの届出は必要なのでしょうか。休業の原因が労災の場合には労働者死傷病報告をしなければなりません。労災にあたらない原因で休職または休業した場合には特別な報告は必要ありません。

## ◉ 健康保険や年金の保険料はどのような扱いになるのか

　休職とした場合でも健康保険は適用されますので、必要な給付を受けることができますし、厚生年金も適用対象となります。その反面それぞれの保険料も納付が必要となります。

　健康保険や厚生年金は毎年7月に行われる定時決定（147ページ）や随時改定により保険料が決定し、原則として1年間一定の金額を毎月納付する必要があります。**随時改定**とは、昇給や降給などにより社会保険の標準報酬の額が大きく変動した場合において、次回の定時決定をまたずに標準報酬の改定を行う手続きです。随時改定の条件に適合し、新たな保険料が決定される場合や離職する場合を除き、労働保険と異なり賃金の有無あるいは増減により保険料の額は変更しません。

### ■ 労働者が休職した場合の労働保険料・社会保険料 ……………

**労働保険** ➡ ・賃金が発生しなければ労働保険料は発生しない
・年度更新で概算保険料と確定保険料の差額を調整する

**社会保険** ➡ ・休職してもそれだけでは保険料の額は変更しない
・労働者負担分は銀行振込などで会社に対して支払ってもらう

そのため休職で賃金が支払われない場合や、減額するような場合には注意が必要です。通常、健康保険料及び厚生年金保険料は労働者の賃金から労働者負担分の保険料を控除し、会社負担分の保険料を併せて納付します。たとえば休職で労働者に賃金が支払われない場合でも、会社は保険料の納付期限までに労働者負担分と会社負担分を併せて納付しなければなりません。

　問題は賃金から控除することができなかった労働者負担分の保険料の取扱いです。本来の費用負担の原則によれば労働者に当月分の保険料を請求し会社に支払ってもらうことになります。毎月振込依頼書などを休職中の労働者に送付し、会社の口座に本人負担分の金額を振り込んでもらうのがよいでしょう。

　ただ、休職している労働者は通常、収入がなかったり大幅に減少したりしています。そこで労働者負担分の保険料を会社が立て替え、労働者が復職した際に分割して請求する会社もあるようです。ここで気をつけなければいけないのが、労働者に収入がないからといって、会社が労働者分まで負担して労働者に請求をしないような場合は、肩代わりした保険料は給与として扱われてしまうことです。

　なお、産前産後休暇と育児休業中の保険料は労働者負担分、会社負担分ともに免除されています（213、241ページ）。そのため、労働者から健康保険や年金の保険料を天引きする必要はありませんし、後から請求することもありません。

　現在のところ休職により健康保険料や厚生年金保険料といった社会保険料が免除されるのは育児休業と産前産後休暇のみで、他の理由による休職、休業では保険料を支払わなければなりません。

## ● 算定基礎届の期間中に休職した場合にはどうなるのか

　健康保険料や厚生年金保険料といった社会保険料は4月から6月までの賃金の平均額を用いて標準報酬月額とし、標準報酬月額にそれぞ

れの保険料率を掛けて保険料を算出します。これを**定時決定**といいます。ただし、4月から6月までの賃金の平均額を用いる方法で標準報酬月額を算定する場合、各月の支払基礎日数が17日以上あることが必要です。もしこの3か月の中に支払基礎日数が17日未満の月がある場合は、その月を除外して平均を算出することになります。

　では、4、5、6月すべて休職した場合、つまり3か月とも支払基礎日数が0または17日未満となった場合はどのようになるのでしょうか。この場合は、定時決定は行われず従前の標準報酬月額がそのまま適用されることになります（152ページ書式の「佐藤二恵」の記載参照）。

　また、仮に4月まで休業し5月から復帰した場合は、5月と6月は支払基礎日数が17日以上あるということになりますので、5月と6月の賃金の平均額で標準報酬月額を算定し、5月まで休業し6月から復帰した場合は6月の賃金で標準報酬月額を算定することになります。

　ただし育児休業のため休業していた場合で、職場復帰後の賃金が3歳未満の子の育児を理由として低下したときは、申し出により標準報酬月額が改定されます（育児休業等終了時改定、243ページ）。

## ◉ 所得税、住民税はどのような扱いになるのか

　休職して賃金が支払われない場合の所得税・住民税について、まず、所得税については、実際に支給された賃金から社会保険料を控除した額を扶養家族の人数を考慮した所得税額表にあてはめて計算します。したがって実際に支給がない場合は所得税も発生しません。また、本人負担分の社会保険料を請求して支払ってもらった場合には、賃金が計算上マイナスということになりますが、その場合でも所得税がマイナスされる、つまり戻ってくることはありません。このような場合は年末調整で精算されることになります。

　一方、住民税は、毎年6月から翌年の5月まで支払うべき金額が決められており、会社が賃金から控除し、住所が同一市町村の人の分を

まとめて納付します。これを特別徴収といいます。

　休職で賃金が支払われない場合は、会社が本人に請求し、会社に対して支払ってもらうことになります。社会保険料についても同様ですが、休職で収入がなかったり減少していたりすることが一般的なので、無理に請求すると労働者の生活が脅かされてしまうことがあります。本人と返済方法について相談するとよいでしょう。

　なお、労災で支給される休業補償や障害補償といったものは非課税とされていますので、それに対して所得税がかかることはありません。一方、会社都合で休業した際に支払われる休業手当は給与所得になりますので、通常の賃金と同じように所得税を計算してその額を源泉控除して労働者に支払うことになります。

## ● 休職する労働者の給与計算はどうなる

　休職となった場合でまったく給与が支払われない場合には、その月は給与計算を行う必要はありません。支給額、控除額をすべて0にします。ただし社会保険料、住民税の本人負担がないわけではないので、給与計算とは別に本人に請求をします。ここで本人から支払われた社会保険料は年末調整の際の所得税計算において社会保険料控除額として必要になります。後で給与データに合算しておく必要がありますので注意が必要です。なお、給与計算にあたって支給額が0や一部支給額がある場合には、傷病手当金（53ページ）を労働者が受給できることがありますので、給与計算担当者は覚えておくとよいでしょう。

　一方、休職者に対して一部賃金が支払われるという場合、取り決めに従い支給額を設定します。そこから社会保険料、雇用保険料を控除し、算出された課税対象額について所得税を計算します。さらに住民税や労使協定で定められた控除金額を控除します。ここで、支払われる賃金が一部なのに対し、所得税以外は満額が控除されることになりますので、場合によっては控除しきれず、単純に差引支給額を計算し

たときにマイナスとなることがあります。マイナスの給与を支給することはできませんので、控除額を調整し、差引支給額が０またはプラスの金額になるようにし、調整された控除額は別途本人に請求します。

　会社都合で休業させた場合は、休業させた日については勤務がないので給与を減額し、休業手当を支給します。この場合は前記の一部賃金が支給された場合と同様の処理を行います。

　また、月の途中から休職した場合は、勤務していた日については通常の賃金を計算し、休職した日については全額または一部を減額して支給額を計算します。実際に休職があった場合、給与の算定期間がすべて休職の場合は、給与の全額について０とするのが一般的です。会社によっては一部支給することもありますが、まず従来の固定給与を０とし、就業規則などの規定に基づき一部賃金を支給することになります。

## ● 月の途中で休職した場合はどうなる

　月の途中で休職したような場合には日割りで計算することになります。これについては、就業規則あるいは賃金規程でどのように計算するかを定めておく必要があります。給与が30万円の人が４月（暦日数30日、４月の所定労働日数は20日とする）30日から休業に入った場合、

### ■ 休職する労働者の給与計算 ……………………………………………

**まったく給与を支払わない場合**

　➡ 給与計算の必要なし（社会保険料と住民税の本人負担分は別途請求）

**一部賃金を支払う場合**

　➡ 支給額から雇用保険料・社会保険料・所得税・住民税額を計算する

**休業手当を支払う場合**

　➡ 休業手当の金額から雇用保険料・社会保険料・所得税・住民税額を
　　計算する

1日分の休職のための給与減額が必要になります。ここで、給与の日割計算を暦日数で行っている場合は30万円÷30日＝1万円／1日となります。

　一方、給与の日割計算を所定労働日数で行っている場合は30万円÷20日＝1.5万円／1日となります。それぞれこの金額を差し引いて支給総額を計算します。つまり規定でどのように定めるかにより、減額される額も異なります。休職や欠勤で労働がなかった日についてどのような計算で減額するか、あるいは何日かの休職があっても日割計算しない手当はあるかなどを明確にしなければなりません。

　また、月により28日〜31日と暦日数が異なります。所定労働日数については大きく変動します。同じ期間休職しても月によっては減額される額が異なることがあります。休んだ日について減額するのか、出勤した日について日割額を積み上げて計算するのか、によっても結果が異なってきます。そのため、細かい計算方法も就業規則や賃金規程で明確に定めておく必要があります。なお、各月の所定労働日数のばらつきについては年間平均を利用することが多いようです。

## ● 休業補償や休業手当は平均賃金を基に算定する

　もう一つ給与計算で気をつけなければならないのは、休業補償や休業手当の算定の基礎となる平均賃金の金額です。

　労災の休業補償で支払う3日分の休業補償や会社都合で休業する場合に支払う休業手当は労働基準法で定める平均賃金の60％以上となります。前述した例では4月は給与計算期間中であるため、実務的には給与締日直前3か月の1月から3月までの平均賃金を計算する必要があります。平均賃金は①直前3か月の賃金総額÷暦日数、②直前3か月の賃金総額÷労働日数×60％の高い方となります。

　1月（暦日数31日、所定労働日数18日）、2月（暦日数28日、所定労働日数20日）、3月（暦日数31日、所定労働日数22日）とし、給与

が各月とも30万円だったとすると、①は90万円÷90日＝１万円となり、②は90万円÷60日×60％＝9,000円となりますので、高い方の①１万円が平均賃金となります。これに60％以上を掛けた6,000円以上の休業補償または休業手当を、休業した日につき支払わなければなりません。

## ● 職場復帰した場合の給与計算はどうする

　休職の期間中に賃金が支払われなくても、そのために社会保険料が変更になることはありません。そのためほとんどの場合、職場復帰後は休職前と同じ社会保険料となります。

　例外は定時決定が行われた後で休職し、新しい標準報酬月額と保険料が決定された後に復職したような場合です。

　ところで、復職後にリハビリ勤務や負担の少ない業務になったために賃金が減少することもあります。少ない賃金から、高い賃金をベースに計算された割高な社会保険料、住民税を控除しなければなりません。ただし、固定給与の減少により、３か月平均の社会保険料の標準報酬月額が２等級以上変動した場合は、随時改定が行われ、４か月目の賃金から新しい社会保険料となります。給与担当者としては動向に注意して随時改定の手続きを行わなければなりません。

　一方、復帰後も元の固定給与が維持される場合は、たとえ残業が減少し、実質の賃金が減少しても社会保険料は次の定時決定または固定給与の変動があり随時改定が行われるまで変動しません。

　また、月の途中から復職した場合は復職した日より日割りで給与計算をするのが一般的です。復職後に固定給与が減少し、復職した月の支払基礎日数が17日以上ある場合は随時改定の算定対象となります。

　給与の計算方法は、月の途中から休職する場合と同様に、労働者の休職していた日について日割りで減額するか、出勤した日について日割り額を積み上げていくことになります。

**書式　算定基礎届（病気により休職している従業員がいる場合）**

| 様式コード<br>2 2 2 5 | 健康保険<br>厚生年金保険<br>厚生年金保険 | 被保険者報酬月額算定基礎届<br>70歳以上被用者算定基礎届 | |||||||

令和 3 年 7 月 10日提出

| 事業所<br>整理記号 | 0 1 ヤケサ |

**提出者記入欄**

届書記入の個人番号に誤りがないことを確認しました。

事業所<br>所在地　〒160-0000<br>東京都新宿区○○ 1-1-1

事業所<br>名称　株式会社 山田印刷

事業主<br>氏名　代表取締役 山田一郎

電話番号　03（5555）5555

受付印

社会保険労務士記載欄

氏　名　等

| 項目名 | ① 被保険者整理番号 | ② 被保険者氏名 | ③ 生年月日 | ④ 適用年月 | ⑩ 個人番号［基礎年金番号］<br>※70歳以上被用者の場合のみ |
|---|---|---|---|---|---|
| | ⑤ 従前の標準報酬月額 | ⑥ 従前改定月 | ⑦ 昇(降)給 | ⑧ 遡及支払額 | |
| ⑨給与<br>支給月 | ⑩給与計算の<br>基礎日数 | 報酬月額<br>⑪ 通貨によるものの額 | ⑫ 現物によるものの額 | ⑬ 合計(⑪+⑫) | ⑭総計(一定の基礎日数以上の月のみ)<br>⑮平均額<br>⑯修正平均額 | ⑱ 備考 |

| 1 | 1 | 山田 一郎 | 5-450605 | 3 年 9 月 | |
|---|---|---|---|---|---|
| 健 500 千円 | 厚 500 千円 | 2 年 9 月 | ⑦昇(降)給 1. 昇給 2. 降給 | ⑧遡及支払額 月 円 | |
| ④ 4 月 31 日 | 通貨 500,000 円 | 現物 0 円 | 合計(⑪+⑫) 500,000 円 | 総計 1,500,000 円 | 1. 70歳以上被用者算定<br>(算定基礎月 月 月)<br>2. 二以上勤務 3. 月額変更予定<br>4. 途中入社 5. 病休・育休・休職等<br>6. 短時間労働者(特定適用事業所等)<br>7. パート 8. 年間平均<br>9. その他( ) |
| 5 月 30 日 | 500,000 円 | 0 円 | 500,000 円 | 平均額 500,000 円 | |
| 6 月 31 日 | 500,000 円 | 0 円 | 500,000 円 | 修正平均額 円 | |

| 2 | 2 | 佐藤 二恵 | 5-551220 | 3 年 9 月 | |
|---|---|---|---|---|---|
| 健 260 千円 | 厚 260 千円 | 2 年 9 月 | ⑦昇(降)給 1. 昇給 2. 降給 | ⑧遡及支払額 月 円 | |
| 4 月 0 日 | 通貨 0 円 | 現物 0 円 | 合計(⑪+⑫) 0 円 | 総計 円 | 1. 70歳以上被用者算定<br>(算定基礎月 月 月)<br>2. 二以上勤務 3. 月額変更予定<br>4. 途中入社 5. 病休・育休・休職等<br>6. 短時間労働者(特定適用事業所等)<br>7. パート 8. 年間平均<br>9. その他(2年10月1日より<br>病欠により休職中) |
| 5 月 0 日 | 0 円 | 0 円 | 0 円 | 平均額 円 | |
| 6 月 0 日 | 0 円 | 0 円 | 0 円 | 修正平均額 260 円 | |

| 3 | | | | 9 月 | |
|---|---|---|---|---|---|
| 健 千円 | 厚 千円 | 月 | ⑦昇(降)給 1. 昇給 2. 降給 | ⑧遡及支払額 月 円 | |
| 4 月 日 | 通貨 円 | 現物 円 | 合計(⑪+⑫) 円 | 総計 円 | 1. 70歳以上被用者算定<br>(算定基礎月 月 月)<br>2. 二以上勤務 3. 月額変更予定<br>4. 途中入社 5. 病休・育休・休職等<br>6. 短時間労働者(特定適用事業所等)<br>7. パート 8. 年間平均<br>9. その他( ) |
| 5 月 日 | 円 | 円 | 円 | 平均額 円 | |
| 6 月 日 | 円 | 円 | 円 | 修正平均額 円 | |

| 4 | | | | 9 月 | |
|---|---|---|---|---|---|
| 健 千円 | 厚 千円 | 月 | ⑦昇(降)給 1. 昇給 2. 降給 | ⑧遡及支払額 月 円 | |
| 4 月 日 | 通貨 円 | 現物 円 | 合計(⑪+⑫) 円 | 総計 円 | 1. 70歳以上被用者算定<br>(算定基礎月 月 月)<br>2. 二以上勤務 3. 月額変更予定<br>4. 途中入社 5. 病休・育休・休職等<br>6. 短時間労働者(特定適用事業所等)<br>7. パート 8. 年間平均<br>9. その他( ) |
| 5 月 日 | 円 | 円 | 円 | 平均額 円 | |
| 6 月 日 | 円 | 円 | 円 | 修正平均額 円 | |

| 5 | | | | 9 月 | |
|---|---|---|---|---|---|
| 健 千円 | 厚 千円 | 月 | ⑦昇(降)給 1. 昇給 2. 降給 | ⑧遡及支払額 月 円 | |
| 4 月 日 | 通貨 円 | 現物 円 | 合計(⑪+⑫) 円 | 総計 円 | 1. 70歳以上被用者算定<br>(算定基礎月 月 月)<br>2. 二以上勤務 3. 月額変更予定<br>4. 途中入社 5. 病休・育休・休職等<br>6. 短時間労働者(特定適用事業所等)<br>7. パート 8. 年間平均<br>9. その他( ) |
| 5 月 日 | 円 | 円 | 円 | 平均額 円 | |
| 6 月 日 | 円 | 円 | 円 | 修正平均額 円 | |

※　⑨支給月とは、給与の対象となった計算月ではなく実際に給与の支払いを行った月となります。

# 3 労働者災害補償保険について知っておこう

仕事中や通勤途中にケガをした場合などに所定の給付がある

## ● 労災保険の目的とは何か

**労働保険**は労働者災害補償保険（労災保険）と雇用保険の2つの制度からなります。保険制度は、制定された過程や目的などからその保険給付の対象（保険給付の原因となる疾病、失業、加齢など）がそれぞれ異なっており、労働者が仕事中や通勤途中に発生した事故などによって負傷したり、病気にかかったりした場合に治療費などの必要な給付を行うのが労災保険制度です。

労働基準法上、使用者は、仕事中に労働者が負傷した場合などに補償を行うべきこととされていますが、ちょっとした災害でも補償すべき金額が大きくなることも考えられます。そこで、会社が労災保険に加入することによって、労災発生時に、労働者が確実に一定の給付（補償）を受けることができるようにしているわけです。

労災保険でいう災害とは、仕事中に起きた災害と通勤途中で起きた災害のことです。災害の具体的内容としては、ケガや病気の他、ケガが治った後に残った後遺障害、死亡があります。

労災保険は政府（国）が保険者（保険を監督し、取り扱う者）となります。実務上は労働基準監督署などが事務処理を行っています。

## ● 労災保険の適用事業所について

労災保険は事業所ごとに適用されるのが原則です。つまり、本店（本社）の他に支店や工場などがある会社については、本店は本店だけで独自に労災保険に加入し、支店は支店で本店とは別に労災保険に加入することになります。ただ、支店や出張所などでは労働保険の事

務処理を行う者がいないなどの一定の理由がある場合は、本店で事務処理を一括して行うこともできます。

　労災保険は労働者を1人でも使用する事業所を強制的に適用事業所とすることにしています。ただし、個人事業者が農林水産業などの一定の事業を行う場合については、労災保険の加入を任意とする暫定任意適用事業所という扱いがなされています。

　労災保険については、届出があってはじめて労災保険が適用されることになるというわけではありません。労災保険の届出は保険関係が成立した日から10日以内に行わなければなりません。労働者を雇ったにもかかわらず、故意または重大な過失により届出を怠っていた場合に、労働災害が生じ、労災保険給付が行われると、遡って保険料が徴収（追徴金も含む）されるだけでなく、労災保険給付に要した費用も徴収されますので注意が必要です。

## ◉ 労災保険が適用される労働者とは

　労災保険は労働者として働いている者すべてに適用されます。正社員やパート・アルバイトなどの雇用形態による制限は一切ありません。日雇労働者についても労災保険の適用を受けることになります。また、外国人であっても適用されます。ただし、代表取締役などの会社の代表者は労働者ではなく、使用者であるため、原則として労災保険は適用されません。工場長や部長などの兼務役員については、会社の代表権を持たないので労災保険が適用されます。労働者に該当するかどうかは、使用従属関係があるか、会社から労働の対価として賃金（給料や報酬など）の支払いを受けているかの2つによって決まります。

## ◉ 業務災害・通勤災害・複数業務要因災害の内容

　労災保険は労働者が仕事中（業務上）または通勤途中に負傷した場合などに必要な保険給付を行うものです。業務災害と通勤災害で受け

ることができる給付内容はほとんど同じです。また、副業や兼業によって複数の事業所で働く労働者（複数事業労働者）も増えてきました。そのため、令和２年９月から複数業務要因災害によって負傷した場合にも保険給付が行われます。

① 業務災害

　事業主の支配下または管理下にあるときに、負傷や病気の原因となる事故が発生した場合に労災保険による給付が行われます。

② 通勤災害

　会社までの通勤途中（往復）に、負傷や病気の原因となる事故が発

## ■ 労災保険の給付内容 ·········································

| 目 的 | 労働基準法の災害補償では十分な補償が行われない場合に国（政府）が管掌する労災保険に加入してもらい使用者の共同負担によって補償がより確実に行われるようにする | |
|---|---|---|
| 対 象 | 業務災害・通勤災害・複数業務要因災害 | |
| 業務災害（通勤災害）による労災給付の種類 | 療養補償給付（療養給付） | 病院に入院・通院した場合の費用 |
| | 休業補償給付（休業給付） | 療養のために仕事をする事ができず給料をもらえない場合の補償 |
| | 障害補償給付（障害給付） | 身体に障害がある場合に障害の程度に応じて補償 |
| | 遺族補償給付（遺族給付） | 労災で死亡した場合に遺族に対して支払われるもの |
| | 葬祭料（葬祭給付） | 葬儀を行う人に対して支払われるもの |
| | 傷病補償年金（傷病年金） | 療養開始後１年６か月を経過し一定の場合に休業補償給付または休業給付に代えて支給されるもの |
| | 介護補償給付（介護給付） | 介護を要する被災労働者に対して支払われるもの |
| | 二次健康診断等給付 | 二次健康診断や特定保健指導を受ける労働者に支払われるもの |

生した場合に労災保険による給付が行われます。ただ、私的な理由で通常の通勤路から外れた（逸脱）場合や帰宅前に飲み屋によって帰る場合などは、その後に災害が発生したとしても労災の支給がなされませんので注意が必要です。

### ③　複数業務要因災害

複数の事業の業務を要因とする負傷や病気についても必要な労災保険の給付が行われます。対象となる傷病等は、脳・心臓疾患や精神障害などです。業務災害、通勤災害と同様の保険給付を受けることが可能です。

## ◉ 私傷病休職扱いだったが後で労災が認められる場合

労働災害が発生したときには、本人またはその遺族が労災保険給付を請求することになります。労働者がみずから保険給付の申請その他の手続を行うことが困難な場合には事業主が手続きを代行することができます。企業から私傷病を理由として休職を命じられていた労働者が、欠勤の原因が労災であるとして労災申請をすることがあります。

労災の認定には時間がかかります。特に、労働者の病気が業務を原因として発生したかどうかの判断は非常に難しいものです。

しかし、健康保険法に基づく傷病手当金（53ページ）は比較的容易に支給されます。そのため、とりあえず健康保険法に基づく傷病手当金の申請をして、その後に労災申請をする労働者が多いようです。

傷病手当金の支給を受けているかどうかという点と、労災認定がなされるかどうかという点はまったく関係がありません。ただし、傷病手当金を受け取った後に労災申請が認められた場合、二重取りにならないようにするための調整が行われることになります。

# 4 健康保険について知っておこう

労働者が業務外でケガ・病気・死亡・出産した場合に給付を行う

## ● 健康保険とは

　**健康保険**は医療保険で、業務外の負傷や疾病に対して必要な給付を行います。健康保険の納付内容は、159ページの図のとおりです。健康保険を管理・監督するのは、全国健康保険協会または健康保険組合です。これを保険者といいます。これに対して、健康保険に加入する労働者を被保険者といいます。被保険者に扶養されている一定の親族などで、保険者に届け出た者を被扶養者といいます。健康保険は、被保険者の他に被扶養者がケガ、病気をした場合にも保険給付を行うことに特徴があります。なお、業務上の災害や通勤災害については、労災保険が適用されますので、健康保険が適用されるのは、業務外の事故（災害）で負傷した場合に限られます。

　また、健康保険は、主に会社員を対象としていますが、それ以外の自営業者、高齢者（職に就いていない者に限る）などについては、国民健康保険、後期高齢者医療制度の対象となります。

## ● 社会保険の適用事業所

　健康保険と厚生年金保険は必ず同時に加入しますので、健康保険の適用事業所と厚生年金保険の適用事業所は原則として同じです。社会保険は事業所単位で適用されます。事業所というのは、本店（本社）の他、支店、出張所、工場などがそれぞれ適用事業所となります。ただ、出張所や工場などで社会保険の事務を処理することができないような場合は、本社で一括して事務処理を行うこともできます。

　社会保険の適用事業所は、①強制適用事業所と、②任意適用事業所

の2つに分類することができます。

　強制的に社会保険が適用される事業所を強制適用事業所といいます。

　会社などの法人の場合は、事業の種類に関係なく代表取締役1人の場合でも、社会保険に加入しなければなりません。一方、個人事業主の事業所の場合は、法人と異なり強制的にすべての事業者が社会保険に加入しなければならないわけではありません。個人の事業所の場合、一定の業種（工業や金融業などの16業種）の事業所で、5人以上の労働者（個人の場合、事業主本人は加入できないため、5人の中には含みません）がいるときに社会保険の適用事業所となります。

## ● 健康保険の被保険者・被保険者になる人とならない人

　適用事業所で働く者は、原則として常時使用される者であって、75歳未満の者は、たとえ、会社の代表取締役や常勤の役員であっても被保険者になります。代表者や役員も法人に使用されるものと考えるためです。

　パートタイマーやアルバイトなどの労働者は、必ずしも被保険者となるわけではありません。アルバイトやパートタイマーについては、1週間の所定労働時間および1か月の所定労働日数が同じ事業所で同様の業務に従事している一般社員の4分の3以上である者は社会保険の加入対象となり、被保険者となります。なお、企業の被保険者が500人超えの場合、週の所定労働時間が20時間以上等の要件を満たすと短時間労働者でも被保険者となる例外があります。厚生年金保険、健康保険について短時間労働者の保険適用が拡大されており、令和4年10月からは企業の被保険者が100人を超える企業が対象となる予定です（令和6年10月からは50人）。

　また、健康保険において被扶養者になる人は、主に被保険者に生計を維持されている者です。生計を維持されているかどうかの判断のおおまかな基準は、被扶養者の年収が130万円未満（60歳以上の者と障害者については180万円未満）で、被保険者の年収の半分未満である

かどうかです。

被扶養者には、①被保険者に生計を維持されていることだけが条件になる者と、②生計の維持と同居（同一世帯にあること）していることの2つが条件となる者の2通りがあります。

被保険者の直系尊属（父母や祖父母など）、配偶者、子、孫、兄弟姉妹については、被保険者との間に「生計維持関係」があれば被扶養者として認められます。一方、被保険者の3親等以内の親族で①に挙げた者以外の者については、被保険者との間に「生計維持関係」と「同一世帯」があれば被扶養者として認められます。

## ■ 健康保険の給付内容 ·············································

| 種　　類 | 内　　容 |
|---|---|
| 療養の給付 | 病院や診療所などで受診する、診察・手術・入院などの現物給付 |
| 療養費 | 療養の給付が困難な場合などに支給される現金給付 |
| 家族療養費 | 家族などの被扶養者が病気やケガをした場合に被保険者に支給される診察や治療代などの給付 |
| 入院時食事療養費 | 入院時に提供される食事に要した費用の給付 |
| 入院時生活療養費 | 入院する65歳以上の者の生活療養に要した費用の給付 |
| 保険外併用療養費 | 先進医療や特別の療養を受けた場合に支給される給付 |
| 訪問看護療養費 | 在宅で継続して療養を受ける状態にある者に対する給付 |
| 高額療養費 | 自己負担額が一定の基準額を超えた場合の給付 |
| 移送費 | 病気やケガで移動が困難な患者を移動させた場合の費用給付 |
| 傷病手当金 | 業務外の病気やケガで働くことができなくなった場合の生活費 |
| 埋葬料 | 被保険者が業務外の事由で死亡した場合に支払われる給付 |
| 出産育児一時金 | 被保険者およびその被扶養者が出産をしたときに支給される一時金 |
| 出産手当金 | 産休の際、会社から給料が出ないときに支給される給付 |

# 業務中や通勤途中にケガや病気をしたときの届出

労働者の休業中の生活費が支給される

## ● 業務中と通勤途中では使う書類が違う

　従業員が業務中や通勤途中のケガや病気が原因で労働することができず、給料を受けられない場合に休業（補償）給付を受けることができます。この場合、休業した日の4日目から所得補償として休業（補償）給付と休業特別支給金が支給されます。支給額は次のとおりです。

　**休業（補償）給付 ＝ 給付基礎日額の60% × 休業日数**

　**休業特別支給金 ＝ 給付基礎日額の20% × 休業日数**

【請求手続】

　業務災害の場合は、**休業補償給付支給請求書**（162ページ）に治療を受けている医師から労務不能であった期間の証明を受け、管轄の労働基準監督署に提出します。また、休業特別支給金は、「休業補償給付支給請求書」と同一の用紙で同時に請求を行うことができます。通勤災害の場合は、「休業給付支給請求書」を使用します。

【ポイント】

　休業の期間が長期になる場合は、1か月ごとに請求します。

　休業してから3日間（待期期間といいます）の間は、休業（補償）給付は支給されません。ただ、業務災害の場合は事業主が待期期間の3日分を補償しなければなりません。その額は、平均賃金の60%以上とされています。

　待期期間の3日間は、連続していても断続していてもかまいません。

　休業日の初日は治療を受け始めた日になります。たとえば、ケガの発生が所定労働時間内であればその日が休業日の初日ということになります。しかし、ケガの発生が所定労働時間外の場合は、その日の翌

日が休業日の初日となります。

**平均賃金算定内訳**（164ページ）の計算方法は、原則として、業務中や通勤途中の災害によるケガや病気の原因となった事故が発生した日の直前の賃金締切日に、その従業員に対して支払われた給料の総額をその期間の暦日数で除した金額です。なお、給料の締切日があるときは災害発生日直前の給料の締切日からさかのぼった3か月間になります。

書式の⑳の療養のため労働できなかった期間とは、病院などで療養を受けていて休業していることが前提になります。そのため、病院にかからず（医師の指示のない）自宅療養をしている場合は支給の対象になりません。「休業補償給付支給請求書」には、事業主の証明が必要になりますが、２回目以降の請求が退職後の場合は証明欄の記入は必要ありません。平均賃金算定内訳のAの賃金は、労働日数に関係なく一定の期間に支払われた賃金を記入します。月給制の人の基本手当や職務手当などがこれに該当します。Bは労働日数や労働時間数に応じて支払われた賃金を記入します。日給制の人の基本給や時間外手当などがこれに該当します。

２回目以降の請求の場合、休業補償支給申請書（様式第８号）の裏面の㉜欄から㊲欄（163ページ）と、平均賃金算定内訳については記入の必要がありません。診療担当者の証明の欄については、治療を受けている医師に証明を書いてもらうわけですが、記載もれがある場合もありますので、労働基準監督署に提出する前に再度見直すようにします。

なお、複数業務要因災害の場合は、休業補償支給申請書（様式第８号）で記入した事業場以外で働いている事業場の労働保険番号、そこでの平均賃金、雇入期間、事業主の証明などを記載した書類も別途用意して添付する必要があります。

# 書式　休業補償給付支給請求書

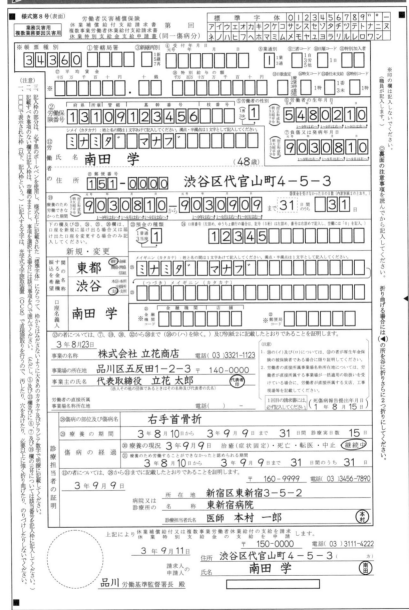

様式第8号(裏面)

〔注　意〕

| ㉜ 労働者の職種 | ㉝ 負傷又は発病の時刻 | ㉞ 平均賃金(算定内訳別紙1のとおり) |
|---|---|---|
| 事務職 | 午前・午後　9　時00分頃 | 10,197　円　80　銭 |

| ㉟所定労働時間 | 午前・午後　9　時00　分から午前・午後　5　時00　分まで | 休業補償給付額、休業特別支給金額の改定比率 | 平均給与額証明書のとおり |

㊱災害の原因、発生状況及び発生当日の就労・療養状況　(あ)どのような場所で(い)どのような作業をしているときに(う)どのような物又は環境に(え)どのような不安全な又は有害な状態があって(お)どのような災害が発生したか(か)⑦と初診日と災害発生日が同じ場合は当日所定労働時間内に通院したか、⑦と初診日が異なる場合はその理由を詳細に記入すること

事務所内で、書類をロッカーに格納する際に踏み台で足を滑らせて転倒し、右手首を骨折してしまった。

| ㊲厚生年金保険等の受給関係 | (イ)　基礎年金番号 | | | (ロ)被保険者資格の取得年月日 | | 　年　　月　　日 |
|---|---|---|---|---|---|---|
| | (ハ) 当該傷病に関して支給される年金の種類等 | 年　金　の　種　類 | 厚生年金保険法の | イ　障害年金　　ロ　障害厚生年金 | | |
| | | | 国民年金法の | ハ　障害年金　　ニ　障害基礎年金 | | |
| | | | 船員保険法の | ホ　障害年金 | | |
| | | 障　害　等　級 | | | | 級 |
| | | 支給される年金の額 | | | | 円 |
| | | 支給されることとなった年月日 | | 　年　　月　　日 | | |
| | | 基礎年金番号及び厚生年金等の年金証書の年金コード | | | | |
| | | 所轄年金事務所等 | | | | |

| ㊳その他就業先の有無 | | |
|---|---|---|
| 有・(無) | 有の場合のその数(ただし表面の事業場を含まない) | 社 |
| 有の場合でいずれかの事業で特別加入している場合の特別加入状況(ただし表面の事業を含まない) | 労働保険事務組合又は特別加入団体の名称 | |
| | 加入年月日 | 　年　　月　　日 |
| | 給付基礎日額 | 円 |
| | 労働保険番号(特別加入) | |

| 社会保険労務士記載欄 | 作成年月日・提出代行者・事務代理者の表示 | 氏　　　名 | 電　話　番　号 |
|---|---|---|---|
| | | | (　　)　－ |

一、所定労働時間後に負傷した場合には、当該負傷した日を除いて記載してください。㉝及び㉟欄については、当該負傷又は発病の時刻後に勤務した場合には、その翌日を記載してください。

二、㉞欄の平均賃金は、労働基準法の規定によって算定した平均賃金に相当する額を記載してください。この算定方法による算定額に疑義がある場合には、別紙1①欄から㉘欄までを記載し、別紙1によって算定してください。

三、㊱欄には、その障害の部位及び状態を詳細に記載してください。

四、別紙3は、㊲欄の「その他就業先の有無」で「有」に○を付けた場合に、その他就業先ごとに記載してください。その際、その他就業先ごとに様式第8号の別紙1及び別紙2の規定に従って記載した別紙1及び別紙2を添付してください。

五、請求人(申請人)が災害発生事業場で特別加入者であるときは、その者の給付基礎日額を記載してください。

六、第二回目以後の請求(申請)の場合には、㉜欄から㊲欄まで及び㊳欄については記載する必要はありません。

七、その請求(申請)が離職後である場合(療養のために労働できなかった期間の全部又は一部が離職前にある場合を除く。)には、事業主の証明は受ける必要はありません。

八、別紙1(平均賃金算定内訳)は、前回の請求又は申請の分について記載した別紙1を添付してください。

九、複数事業労働者休業給付の請求は、休業補償給付の支給請求がなされなかった場合のものとみなします。

十、休業特別支給金の支給の申請のみを行う場合には、㊳欄の「その他就業先の有無」欄の記載は必要ありません。

| 労　働　保　険　番　号 | | | | | 氏　　　名 | 災害発生年月日 |
|---|---|---|---|---|---|---|
| 府県 | 所掌 | 管轄 | 基幹番号 | 枝番号 | 南田 学 | 2021年 8 月 10 日 |
| 1 3 | 1 | 0 9 | 1 2 3 4 5 6 | | | |

## 平均賃金算定内訳

（労働基準法第12条参照のこと。）

| 雇入年月日 | 2007年 12 月 1 日 | 常用・日雇の別 | 常用・日雇 |
|---|---|---|---|
| 賃金支給方法 | 月給・週給・日給・時間給・出来高払制・その他請負制 | 賃金締切日 | 毎月 20 日 |

| | | 賃金計算期間 | 4月21日から<br>5月20日まで | 5月21日から<br>6月20日まで | 6月21日から<br>7月20日まで | 計 |
|---|---|---|---|---|---|---|
| A | 月よって支払つたもの・週その他一定の期間に | 総　日　数 | 30 日 | 31 日 | 30 日 | (イ) 91 日 |
| | 賃金 | 基本賃金 | 270,000円 | 270,000円 | 270,000円 | 810,000円 |
| | | 職務 手当 | 20,000 | 20,000 | 20,000 | 60,000 |
| | | 営業 手当 | 10,000 | 10,000 | 10,000 | 30,000 |
| | | 計 | 300,000円 | 300,000円 | 300,000円 | (ロ) 900,000円 |
| B | 日若しくは時間又は出来高払制その他の請負制によつて支払つたもの | 賃金計算期間 | 4月21日から<br>5月20日まで | 5月21日から<br>6月20日まで | 6月21日から<br>7月20日まで | 計 |
| | | 総　日　数 | 30 日 | 31 日 | 30 日 | (イ) 91 日 |
| | | 労　働　日　数 | 19 日 | 21 日 | 21 日 | (ハ) 61 日 |
| | 賃金 | 基本賃金 | 円 | 円 | 円 | 円 |
| | | 残業 手当 | 12,000 | 9,000 | 7,000 | 28,000 |
| | | 手当 | | | | |
| | | 計 | 12,000円 | 9,000円 | 7,000円 | (ニ) 28,000円 |
| 総 | | 計 | 312,000円 | 309,000円 | 307,000円 | (ホ) 928,000円 |
| 平　均　賃　金 | | 賃金総額(ホ)928,000円÷総日数(イ) 91 ＝10,197円 80 銭 | | | | |

最低保障平均賃金の計算方法

　　Aの(ロ)　900,000 円÷総日数(イ)91 ＝　　　9,890 円 11 銭(ヘ)

　　Bの(ニ)　28,000 円÷労働日数(ハ)61 × $\frac{60}{100}$ ＝　275 円 41 銭(ト)

　　9,890 円11 銭(ヘ)＋275 円41 銭(ト)　＝ 10,165 円 52 銭（最低保障平均賃金）

| 日日雇い入れられる者の平均賃金（昭和38年労働省告示第52号による。） | 第1号又は第2号の場合 | 賃金計算期間 | (リ) 労働日数又は労働総日数 | (ヌ) 賃金総額 | 平均賃金(ヌ÷リ)×$\frac{73}{100}$ |
|---|---|---|---|---|---|
| | | 月　日から<br>月　日まで | 日 | 円 | 円 銭 |
| | 第3号の場合 | 都道府県労働局長が定める金額 | | | 円 |
| | 第4号の場合 | 従事する事業又は職業 | | 都道府県労働局長が定めた金額 | 円 |
| 漁業及び林業労働者の平均賃金（昭和24年労働省告示第5号による。） | 平均賃金協定額の承認年月日 | 年　月　日 | 職種 | 平均賃金協定額 | 円 |

① 賃金計算期間のうち業務外の傷病の療養等のため休業した期間の日数及びその期間中の賃金を業務
　　上の傷病の療養のため休業した期間の日数及びその期間中の賃金とみなして算定した平均賃金
　　（賃金の総額(ホ)－休業した期間にかかる②の(リ)）　÷　（総日数(イ)－休業した期間②の(チ)）
　　（　　　　　円－　　　　　円）÷（　　　日－　　　日）＝　　　円　　　銭

# 6 業務災害が原因で治療を受けたときの届出

労災保険から必要な給付が行われる

## ● 無料で治療が受けられる

業務中の事故が原因で労働者がケガをし、または病気にかかり、指定病院（労災保険が使える病院）で診てもらった場合、療養の給付として無料で治療が受けられます。セクハラやパワハラによるメンタルヘルスも、労災と認められた場合には対象となります。

療養の給付の内容としては、治療費の他、入院料や介護の費用など通常療養で必要な費用も含まれます。また、原則としてケガや病気が治るまで給付を受けることができます。

【請求手続】

治療を受けている医療機関（病院など）に、業務災害であれば**療養補償給付たる療養の給付請求書**（167ページ）を提出します。また、通勤災害の場合も請求書の様式が異なり、災害時の通勤経路、方法、所要時間等を記載する欄が設けられています。

業務と病気との因果関係を証明する添付書類を求められることがあります。

【ポイント】

労災の指定薬局で薬をもらった場合は、「療養（補償）給付たる療養の給付請求書」を別に労災の指定薬局に提出する必要があります。なお、労災保険が使えない指定病院以外の病院にかかった場合には、いったん全額の治療費を病院へ支払い、**療養補償給付たる療養の費用請求書**（168ページ）を労働基準監督署へ提出します。

指定医療機関を変更する場合は、変更後の指定医療機関を経由して所轄の労働基準監督署長に所定の届出を提出する必要があります。こ

の届出を「療養（補償）給付たる療養の給付を受ける指定病院等（変更）届」といいます。この届出を提出することで変更後の指定医療機関で引き続き労災保険による療養（補償）給付の現物給付（治療など）を受けることができます。

## ● 障害が残ったときの給付

労働者が業務上（または通勤途中）負傷し、または病気にかかった場合、そのケガまたは病気が治った（治癒）としても障害が残ってしまうこともあります。そのような場合にその障害の程度に応じて支給される労災保険の給付が障害（補償）給付です。ここでいう「治ったとき」とは、完治や全快ということではなく、傷病の症状が安定して、これ以上治療を行っても症状が良くも悪くもならない状態になったことを意味します。

障害（補償）給付は、障害の程度によって1～14等級の障害等級に分かれます。第1級から第7級に該当した場合には障害（補償）年金が支給されます。第8級から第14級に該当した場合には障害（補償）一時金が支給されます。また、障害（補償）年金が支給される者には障害特別支給金と障害特別年金が支給され、障害（補償）一時金が支給される者には障害特別支給金と障害特別一時金がそれぞれ支給されます。

障害補償給付の請求は、障害補償給付支給請求書などを会社の所在地を管轄する労働基準監督署に提出することになります。特に障害の程度を審査するために重要な診断書を医師などに記載してもらい添付する必要があります。特別支給金についても、障害（補償）給付と同時に請求し、様式も同一のものを使用します。

■ 様式第5号（表面）　労働者災害補償保険
　　　　　業務災害用
　　　複数業務要因災害用
　療養補償給付及び複数事業労働者
　療養給付たる療養の給付請求書

裏面に記載してある注意
事項をよく読んだ上で、
記入してください。

| 標準字体 | 0 1 2 3 4 5 6 7 8 9 ° ゛ ゜ ー |
|---|---|
| | アイウエオカキクケコサシスセソタチツテトナニヌ |
| | ネノハヒフヘホマミムメモヤユヨラリルレロワン |

※ 帳票種別

| 3 | 4 | 5 | 9 | 0 |

①管轄局署　　②業通別　③保留　　　　　④処理区分

①業通別 `I`　③1全レセ　　　　3分縦付

⑤労働保険番号
府県 所掌 管轄 基幹番号 枝番号
| 1 | 3 | 1 | 0 | 9 | 6 | 5 | 4 | 3 | 2 | 1 | | |

※ 金記番号記入欄

⑧性別　⑨労働者の生年月日　　⑩負傷又は発病年月日

⑧1男3女 `1`
⑨ | 5 | 5 | 8 | 0 | 6 | 1 | 0 |
⑩ | 9 | 0 | 3 | 0 | 7 | 1 | 9 |

シ・メイ（カタカナ）：姓と名の間は1文字あけて記入してください。濁点・半濁点は1文字として記入してください。

⑫ | ア | オ | キ | | ヒ | カ | ル |

氏　名　**青木　光**　（38歳）

⑥郵便番号
住　所　**151-0000**　フリガナ　シブヤクシブヤ　**渋谷区渋谷32-10**

職　種　**事務職**

⑦支給・不支給決定年月日

⑪再発年月日

⑬三者　⑭特疾　⑮特別加入者

⑯負傷又は発病の時刻
午　⑲午前9時50分頃

⑰災害発生の事実を確認した者の職名、氏名
職名　**総務課長**
氏名　**西村一郎**

⑱災害の原因及び発生状況　（あ）どのような場所で（い）どのような作業をしているときに（う）どのような物又は環境に（え）どのような不安全な又は有害な状態があって（お）どのような災害が発生したか（か）⑩と初診日が異なる場合はその理由を詳細に記入すること

**事務所内で、書類をロッカーに格納する際に踏み台で足を滑らせて転倒し右手首を骨折してしまった。**

⑳指定病院等の
名　称　**東新宿病院**　　電話（ 03 ） 3456-7890
所在地　**新宿区東新宿3-5-2**　〒160-9999

㉑傷病の部位及び状態　**右手首骨折**

⑫の者については、⑩、⑰及び⑱に記載したとおりであることを証明します。

３年７月23日

事業の名称　**株式会社 立花商店**　電話（ 03 ） 3321-1123
事業場の所在地　**品川区五反田1-2-3**　〒141-0000
事業主の氏名　**代表取締役 立花 太郎**　⑪代表者印

（法人その他の団体であるときはその名称及び代表者の氏名）
労働者の所属事業場の名称・所在地　電話（ ）　−

（注意）　1　労働者の所属事業場の名称・所在地については、労働者が直接所属する事業場が一括適用の取扱いを受けている場合に、労働者が直接所属する支店、工事現場等を記載してください。
　　　　　2　派遣労働者について、療養補償給付又は複数事業労働者療養給付のみの請求がなされる場合にあっては、派遣先事業主は、派遣元事業主が証明する事項の記載内容が事実と相違ない旨裏面に記載してください。

上記により療養補償給付又は複数事業労働者療養給付たる療養の給付を請求します。

３年７月31日

**品川**　労働基準監督署長　殿

**東新宿**　病院 診療所 薬局 訪問看護事業者 経由

請求人の
〒151-0000　電話（ 03 ） 3111-4222
住所　**渋谷区渋谷32-10**　（ 方）
氏名　**青木　光**　⑪青木

支不支給決定決議書

| | 署　長 | 副署長 | 課　長 | 係　長 | 係 | 決定年月日 | ・　・ |
|---|---|---|---|---|---|---|---|

不支給の理由

調査年月日
復命書番号　第　号　第　号　第　号

■ 様式第7号（1）（表面）　　労働者災害補償保険

| 標準字体 | 0 1 2 3 4 5 6 7 8 9 ゛ ゜ |
|---|---|
| | ア イ ウ エ オ カ キ ク ケ コ サ シ ス セ ソ タ チ ツ テ ト ナ ニ ヌ |
| | ネ ノ ハ ヒ フ ヘ ホ マ ミ ム メ モ ヤ ユ ヨ ラ リ ル レ ロ ワ ン |

業務災害用
複数業務要因災害用

第　　回

療養補償給付及び（複数事業労働者療養給付たる療養の費用請求書（同一傷病分）

※ 帳票種別　　①管轄局署　　②業通別　　　　　　　※受付年月日　　　⑩三者コード ⑪委任未支給　　⑫特別加入者　⑬審査コード

| 3 4 2 6 0 | | | 1 | 1案 1通 | | | | 3受任 1未支給 | | |

③労働保険番号　　府県 所掌 管轄 基幹番号 枝番号　④管轄局 種別 西暦年 番号
1 3 1 0 9 6 5 4 3 2 1

⑤労働者の性別　　⑥労働者の生年月日　　⑦負傷又は発病年月日　　⑭金融機関　店舗
1（男女）　明大昭平令
5 5 8 0 6 1 0　　9 0 3 0 7 1 9

（メイ）（カタカナ）：姓と名の間は1字空けて記入してください。濁点・半濁点は1字として記入してください。
ア オ キ　ヒ カ ル

氏名　青木　光　（38歳）　職種　事務職

住所　⑯郵便番号 151-0000　渋谷区渋谷32-10

新規・変更　　⑰預金の種類（左詰め。ゆうちょ銀行の場合は、記号（5桁）は左詰め、番号は右詰で記入し、空欄には「0」を記入）
⑱口座番号
1　　1 2 3 4 5 6

青木　光

（メイギニン）（カタカナ）：姓と名の間は1字空けて記入してください。濁点・半濁点は1字として記入してください。
ア オ キ　ヒ カ ル

（つづき）（メイギニン）（カタカナ）

⑨の者については、（ケ）並びに裏面の（ヌ）及び（ワ）に記載したとおりであることを証明します。

事業の名称　株式会社 立花商店　　電話（03）3321-1123
3年8月2日　事業場の所在地　品川区五反田1-2-3　〒141-0000
事業主の氏名　代表取締役　立花 太郎　（代表者印）

療養の内容　（イ）期間 3年 7月19日 から 3年 7月31日まで 13日間　診療実日数 2日

（ロ）傷病の部位 及び傷病名　右手首骨折　　この者については、（イ）から（ニ）までに記載したとおりであることを証明します。
3年 7月31日　〒160-9999

傷病の 経過の 概要　右手の痛みを訴える　　病院又は 所在地 新宿区東新宿3-5-2
診療所の 名称 東新宿病院　電話（03）3456-7890

3年 7月31日 治癒（症状固定）・転医・中止・死亡　　診療担当者氏名　医師　本村 一郎（印）

（ニ）療養の内訳及び金額（内訳裏面のとおり。）　　　6 0 0 0 0円

（ホ）看護料　年月日から年月日まで　日間（看護師の資格の有・無）
（ヘ）移送費　から　まで 片道・往復　キロメートル　回
（ト）上記以外の療養費（内訳別紙請求書又は領収書　枚のとおり。）

（チ）療養の給付を受けなかった理由　近くに療養に適した 労災指定病院がなかったため　　⑳療養に要した費用の額（合計）　6 0 0 0 0円

㉑費用の種別　　㉒療養期間の初日　　㉓療養期間の末日　　㉔診療実日数　㉕転帰事由
から　　まで

上記により療養補償給付又は複数事業労働者療養給付たる療養の費用の支給を請求します。

〒151-0000　　電話（03）3111-4222
3年8月2日　　住所 渋谷区渋谷32-10
請求人の　　氏名　青木　光　（青木印）

品川 労働基準監督署長 殿

| (リ) 労働者の<br>所属事業場の<br>名称・所在地 | 株式会社 立花商店<br>品川区五反田1-2-3 | (ヌ) 負傷又は発病の時刻 | 午前<br>9 時 50分頃 | (ル) 災害発生の<br>事実を確認<br>した者の | 職名 総務課長<br>氏名 西村 一郎 |
|---|---|---|---|---|---|

(ワ)災害の原因及び発生状況　(あ)どのような場所で(い)どのような作業をしているときに(う)どのような物又は環境に(え)どのような不安全な又は有害な状態があって(お)どのような災害が発生したか(か)⑦と初診日が異なる場合はその理由を詳細に記入すること

事務所内で、書類をロッカーに格納する際に踏み台で足を滑らせて転倒し右手首を骨折してしまった。

療養の内訳及び金額

| 診療内容 | | 点数(点) | 診療内容 | 金額 | 摘要 |
|---|---|---|---|---|---|
| 初診 | | | 初診 | 円 | |
| 再診 | 時間外・休日・深夜 | | 再診　　回 | 円 | |
| | 外来診療料　　×　　回 | | 指導　　回 | 円 | |
| | 継続管理加算　×　　回 | | その他 | 円 | |
| | 外来管理加算　　　回 | | | | |
| | 時間外　　　　　回 | | 食事(基準　　　) | | |
| | 休日　　　　　　回 | | 円×　　日間 | 円 | |
| | 深夜　　　　　　回 | | 円×　　日間 | 円 | |
| 指導 | | | | | |
| 在宅 | 往診　　　　　　回 | | 小計　　② | 円 | |
| | 夜間　　　　　　回 | | | | |
| | 緊急・深夜　　　回 | | 摘　　要 | | |
| | 在宅患者訪問診療　回 | | | | |
| | その他 | | | | |
| | 薬剤　　　　　　回 | | | | |
| 投薬 | 内服　薬剤　　　単位 | | | | |
| | 　　　調剤　×　　回 | | | | |
| | 屯服　薬剤　　　単位 | | | | |
| | 外用　薬剤　　　単位 | | | | |
| | 　　　調剤　×　　回 | | | | |
| | 処方　　　×　　回 | | | | |
| | 麻毒　　　　　　回 | | | | |
| | 調基 | | | | |
| 注射 | 皮下筋肉内　　　回 | | | | |
| | 静脈内　　　　　回 | | | | |
| | その他　　　　　回 | | | | |
| 処置 | | | | | |
| | 薬剤 | | | | |
| 手術<br>麻酔 | | | | | |
| | 薬剤 | | | | |
| 検査 | | | | | |
| | 薬剤 | | | | |
| 画像<br>診断 | | | 回 | | |
| | 薬剤 | | | | |
| その他 | 処方せん　　　　回 | | | | |
| | 薬剤 | | | | |

| 入院 | 入院年月日 | 年　　月　　日 | | | |
|---|---|---|---|---|---|
| | 病・診・衣 | 入院基本料・加算 | | | |
| | | ×　　日間 | | | |
| | | ×　　日間 | | | |
| | | ×　　日間 | | | |
| | | ×　　日間 | | | |
| | 特定入院料・その他 | | | | |

| 小計 | 点　① | | 円 | 合計金額　　円<br>①+② | |
|---|---|---|---|---|---|

㉘その他就業先の有無

| 有<br>(無) | 有の場合のその数<br>(ただし表面の事業場を含まない) | 社 |
|---|---|---|
| | 有の場合でいずれかの事業で特別加入している場合の特別加入状況(ただし表面の事業を含まない) | 労働保険事務組合又は特別加入団体の名称 |
| | | 加入年月日<br>　　年　　月　　日 |
| | 労働保険番号(特別加入) | |

(注意)

一、共通の注意事項
(リ)及び(ヌ)については、該当する事項を○で囲むこと。
(ホ)(ヘ)及び(ト)については、その費用についての明細書及び看護移送等に要した費用についての明細書を添えること。

二、(一)療養の費用を請求する場合以外は、療養の内訳及び金額欄並びに(ト)から(ヲ)までは記載する必要がないこと。
(二)事業主の証明は受ける必要がないこと。

三、(一)第二回以後の請求の場合には、(イ)、(ロ)、(ハ)、(ニ)、(ヌ)、(ル)及び(ヲ)に記載する必要がないこと。
(二)傷病補償年金又は傷病年金を受けていた者が当該傷病に係る療養の費用を請求する場合には、(ト)の事項を除き、(イ)、(ロ)、(ハ)、(ニ)及び(ホ)から(ヲ)までには記載する必要がないこと。

四、(一)初めて請求する場合には、その請求が離職後である場合を除き、事業主の証明を受けること。
(二)請求人(申請人)が災害発生の事実を確認した者の確認を受けること。
(三)初めて請求する者で、事業主の証明を受けることができない場合には、最初に発見した者の確認を受けること。
(四)初めて請求する者で、災害発生の事実を確認した者(確認した者が多数あるときは最初に発見した者)の職名及び氏名を記載すること。

(その他略)

四、⑦「その他就業先の有無」欄の記載がない場合又は複数就業していない場合は、複数事業労働者療養給付の請求はないものとして取り扱うこと。

五、疾病に係る請求の場合、脳・心臓疾患、精神障害及びその他二以上の事業の業務を要因とすることが明らかな疾病以外は、療養補償給付のみで請求されることとなること。

六、複数事業労働者療養給付の請求は、療養補償給付の支給決定がなされた場合、その月に係る疾病に係る療養給付及び複数事業労働者療養給付の請求はないものとして取り扱うこと。

| 派遣先事業<br>主証明欄 | 派遣元事業主が証明する事項(表面の⑦並びに(ヌ)及び(ワ))の記載内容について事実と相違ないことを証明します。 | | |
|---|---|---|---|
| | 　　年　　月　　日 | 事業の名称 | 電話(　　)　　－ |
| | | 事業場の所在地 | 〒　　－ |
| | | 事業主の氏名 | |
| | | (法人その他の団体であるときはその名称及び代表者の氏名) | |

| 社会保険<br>労務士<br>記載欄 | 作成年月日・提出代行者・事務代理者の表示 | 氏　名 | 電話番号 |
|---|---|---|---|
| | | | (　　)　　－ |

# 7

# 治療開始後1年6か月経っても治らなかったときの届出

傷病補償年金の受給に切り換えるかどうかの判断が行われる

## ● 労基署の職権で支給決定となる

　療養開始後1年6か月が経過し、なおその傷病が治癒せず、障害の程度が傷病等級の第1級から第3級に該当する場合には、**傷病補償年金**が支給され、休業補償給付は打ち切られます。

　また、療養開始後1年6か月が経過した時点では傷病等級の第1級から第3級に該当していなくても、そのまま治癒せずに、同日以後に傷病等級の第1級から第3級に該当することとなった場合も、該当した時点より傷病補償年金が支給され、休業補償給付は打ち切られます。

【手続】

　傷病補償年金は所轄労働基準監督署長の職権により支給決定されますので、「請求」は行いません。療養開始後1年6か月が経過しても治癒していない場合、同日後1か月以内に**傷病の状態等に関する届**（次ページ）を提出します。なお届出用紙は、労働基準監督署より直接送付されてきます。

【添付書類】

　診断書など（傷病の状態を確認できるもの）

【ポイント】

　傷病補償年金を受給中の労働者は、療養が必要なため、療養補償給付が併給されます。また、障害の程度に変更があった場合は、それ以後は、新しい傷病等級の傷病補償年金が支給されます。

様式第16号の2（表面）

労働者災害補償保険
## 傷病の状態等に関する届

| ① 労働保険番号 | 府県 | 所掌 | 管轄 | 基幹番号 | 枝番号 | ③ 負傷又は発病年月日 | 2年1月24日 |
|---|---|---|---|---|---|---|---|
| | 1 3 | 1 | 0 9 | 1 2 3 4 5 6 | 0 0 0 | | |

| ② 労働者の | フリガナ | ホンダ　　カズヤ | | | | |
|---|---|---|---|---|---|---|
| | 氏　名 | **本田　和也** | （男）・女 | | | |
| | 生年月日 | 昭和56年6月23日（40歳） | | ④ 療養開始年月日 | 2年1月24日 |
| | フリガナ | カワサキシ アソウク アソウ | | | |
| | 住　所 | 川崎市麻生区麻生1－6 | | | |

| ⑤ | 傷病の名称、部位及び状態 | （診断書のとおり。） |
|---|---|---|

| ⑥ 厚生年金保険等の受給関係 | 厚年等の年金証書の基礎年金番号・年金コード | | 被保険者資格の取得年月日 | 年　　月　　日 |
|---|---|---|---|---|
| | 当該傷病に関して支給される年金の種類等 | 年金の種類 | 厚生年金保険法の　イ 障害年金　ロ 障害厚生年金<br>国民年金法の　　イ 障害年金　ロ 障害基礎年金<br>船員保険法の障害年金 | |
| | | 障害等級 | | 級 |
| | | 支給される年金の額 | | 円 |
| | | 支給されることとなった年月日 | 年　　月　　日 | |
| | | 厚年等の年金証書の基礎年金番号・年金コード | | |
| | | 所轄年金事務所等 | | |

| ⑦ | 添付する書類その他の資料名 | **診断書** |
|---|---|---|

| ⑧ 年金の払渡しを受けることを希望する金融機関又は郵便局 | 金融機関（郵便貯金銀行を除く。） | 名称 | ※ 金融機関店舗コード | （銀行）・金庫<br>農協・漁協・信組　　東都 | 川崎 | （本店）・本所<br>出張所<br>支店・支所 |
|---|---|---|---|---|---|---|
| | | 預金通帳の記号番号 | （普通）・当座 | 第 1000012 号 | | |
| | 郵便貯金銀行の郵便局等又は郵便貯金銀行の支店局 | ※ 郵便局コード | | | | |
| | | フリガナ名称 | | | | |
| | | 所在地 | 都道府県　　　　　　市郡区 | | | |
| | | 預金通帳の記号番号 | 第　　　　　　号 | | | |

上記のとおり届けます。

〒231-0000　　電話（044）323－5555

　3年8月5日

届出人の
住所　川崎市麻生区麻生1－6
氏名　**本田　和也**　㊞

□本件手続を裏面に記載の社会保険労務士に委託します。

個人番号 ☐☐☐☐☐☐☐☐☐☐☐☐

# 8

# 従業員が業務中に負傷したときの報告書

事業所を管轄する労働基準監督署に労働者死傷病報告を提出する

## ◉ 休業の場合には、回数によって手続きが違う

　業務中にケガをして死亡または4日以上休業したときは、**労働者死傷病報告**を提出します。

　ただし、休業が4日未満の場合は、前3か月分の業務災害をまとめて4月、7月、10月、翌年1月のいずれかの月に提出することになります。

　なお、通勤途中のケガの場合には、休業日数に関係なく労働者死傷病報告の提出は不要です。

【請求手続】

　事故があった後、なるべく早めに管轄の労働基準監督署に提出します。**休業が4日以上続いた場合**（次ページ）と**休業が4日未満の場合**（174ページ）では提出する「労働者死傷病報告」の書式が異なります。

【添付書類】

　特に決まっているわけではありませんが、事故などの災害の発生状況を示す図面や写真などがあれば添付します。

【ポイント】

　「労働者死傷病報告」提出の目的は、使用者側から労働者死傷病報告書を提出してもらうことによって、どのような労働災害が起こっているのかを監督官庁側で把握することにあります。これによって、事故の発生原因の分析や統計を取り、労働災害の再発防止の指導などに役立たせています。

# 労働者死傷病報告

様式第23号（第97条関係）（表面）

労働保険番号（建設業の工事に従事する下請人の労働者が被災した場合、元請人の労働保険番号を記入すること。）

| 8 | 1 | 0 | 0 | 1 | | 1 | 3 | 4 | 0 | 7 | 1 | 0 | 9 | 9 | 9 | 9 | 0 | 0 | 0 | | | |

（都道府県／所掌／管轄／基幹番号／枝番号／被一括事業場番号）

事業の種類　**建設業**

事業場の名称（建設業にあっては工事名を併記のこと。）

カナ　**カブシキガイシャトウザイケンセツ**

漢字　**株式会社東西建設**

工事名　**新宿中央病院新築工事**

職員記入欄（派遣先の事業の労働保険番号）

都道府県／所掌／管轄／基幹番号／枝番号／被一括事業場番号／派遣労働者が被災した場合の、派遣先の事業場の郵便番号

事業場の所在地　**東京都新宿区中央2-1-1**　電話　**03(3333)1234**

構内下請事業の場合は（親事業場の名称、建設業の場合は元方事業場の名称）　**関東・東西建設共同企業体**

派遣労働者が被災した場合は、派遣元の事業場の名称

派遣先・派遣元の区分

郵便番号　**160 - 0001**　労働者数　**345**人

発生日時（時間は24時間表記とすること）　7：平成　9：令和　**9 0 3 0 5 1 9**　**1 4 3 0**

被災労働者の氏名（姓と名の間は1文字空けること。）

カナ　**カナヤマ　ヨウイチ**

漢字　**神奈山　洋一**

生年月日　1：明治　3：大正　5：昭和　7：平成　9：令和　**5 3 7 0 2 2 4**　(**59**)歳

性別　○（男・女）

職種　**塗装工業**　経験期間　**30**年

休業見込期間又は死亡日時（死亡の場合は死亡欄に○）

休業見込　**07**　死亡□　死亡日時□□□

傷病名　**右腕打撲**

傷病部位　**右腕**

被災地の場所　**東京都新宿区中央2-6-5**

災害発生状況及び原因

①どのような場所で　②どのような作業をしているときに　③どのような物又は環境に　④どのような不安全な又は有害な状態があって　⑤どのような災害が発生したかを詳細に記入すること。

**令和3年5月19日午後2時半頃、病院新築工事現場にて、塗装工事の際、4尺脚立の天板から1段下の段（高さ約1m）に乗り4階天井の木枠を塗装する作業中、誤ってバランスを崩し、落下した。その際、合板の床に右腕を強打して負傷した。**

略図（発生時の状況を図示すること。）

床へ落下

労働者が外国人である場合のみ記入すること。

国籍・地域（　）　在留資格（　）

職員記入欄

国籍・地域コード　在留資格コード　起因物　店社コード　業種分類　自由設定項目

事故の型　発注者種類　事業場区分　業務上疾病　1：該当　2：非該当　(1)(2)

報告書作成者　職　氏名　**労務課課長　赤山三郎**

令和**3**年　**6**月　**1**日

事業者職氏名　**株式会社　東西建設　代表取締役　千葉二郎**（代表者印）

**新宿**　労働基準監督署長殿

受付印

## 書式 労働者死傷病報告（休業が4日未満の場合）

様式第24号（第97条関係）

## 労働者死傷病報告

事業の種類: 建設業

事業場の名称（建設業にあっては工事名を併記のこと。）: 株式会社 南北建築

事業場の所在地: 新宿区 東新宿 1-2-3

電話: 03（1234）5678

労働者数: 167名

令和3 年7月から 3 年 9月まで

| 被災労働者の氏名 | 性別 | 年齢 | 職種 | 派遣労働者の場合は欄に○ | 発生月日 | 傷病名及び傷病の部位 | 休業日数 | 災害発生状況 |
|---|---|---|---|---|---|---|---|---|
| 黒田 裕一 | ⓜ・女 | 35歳 | 内装工 | | 8月11日 | 熱中症 | 1日 | 室温40度の現場で作業中、めまいがふらつきがあり、熱中症を発症したもの |
| 白井 恭介 | ⓜ・女 | 58歳 | 内装工 | | 9月13日 | 側頭部外傷 | 2日 | 棚の解体作業中、近くにあったカーテンレールに側頭部をぶつけたもの |
| | 男・女 | 歳 | | | 月 日 | | 日 | |
| | 男・女 | 歳 | | | 月 日 | | 日 | |
| | 男・女 | 歳 | | | 月 日 | | 日 | |
| | 男・女 | 歳 | | | 月 日 | | 日 | |
| | 男・女 | 歳 | | | 月 日 | | 日 | |

報告書作成者職氏名: 職名 総務課長 氏名 西村一郎

令和3 年10月 5 日

新宿 労働基準監督署長 殿

事業者職氏名: 株式会社 南北建築 代表取締役 南山次郎 ㊞（代表者印）

備考　派遣労働者が被災した場合、派遣先及び派遣元の事業者は、それぞれ所轄労働基準監督署に提出すること。
　　　氏名を記載し、押印することに代えて、署名することができる。

# 9 傷病手当金について知っておこう

3日間の待期期間が必要である

## ● 傷病手当金は業務外の病気やケガに支給される

　労働者（被保険者）が業務外の病気やケガで働くことができなくなり、その間の賃金を得ることができないときに、健康保険から**傷病手当金**が支払われます。

　傷病手当金の給付を受けるためには、療養のために働けなくなり、その結果、連続して3日以上休んでいたことが要件となります。「療養のため」とは、療養の給付を受けたという意味ではなく、自分で病気やケガの療養を行った場合も含みます。「働くことができない」状態とは、病気やケガをする前にやっていた仕事ができないことを指します。軽い仕事だけならできるが以前のような仕事はできないという場合にも、働くことができない状態にあたります。

## ● 支給までには3日の待期期間がある

　傷病手当金の支給を受けるには、連続して3日間仕事を休んだことが要件となりますが、この3日間はいつから数える（起算する）のかを確認しておきます。

　3日間の初日（起算日）は、原則として病気やケガで働けなくなった日になります。たとえば、就業時間中に業務とは関係のない事由で病気やケガをして働けなくなったときは、その日が起算日となります。また、就業時間後に業務とは関係のない事由で病気やケガをして働けなくなったときは、その翌日が起算日となります。

　休業して4日目が傷病手当金の支給対象となる初日です。それより前の3日間については傷病手当金の支給がないため、「待期の3日間」

と呼ばれています。待期の３日間には、会社などの公休日や有給休暇も含みます。また、この３日間は必ず連続している必要があります。

## ◉ 傷病手当金は１年６か月まで支給される

　傷病手当金の支給額は、１日につき標準報酬日額の３分の２相当額です。ただ、会社などから賃金の一部が支払われたときは、傷病手当金と支払われた賃金との差額が支払われます。

　標準報酬日額とは、標準報酬月額の30分の１の額です。傷病手当金の最大支給期間は１年６か月です。これは、支給を開始した日からの暦日数で数えます。傷病手当金が支給されている期間に数日間出勤する場合があります（下図）。出勤した期間は会社から賃金が支払われるため傷病手当金は支給されません。その後、再度同じ傷病で労務不能になった場合には、傷病手当金の支給が再開されますが、出勤した期間も含めて１年６か月が支給期間になることに注意が必要です。なお、令和４年１月からは、出勤して通常の賃金をもらった期間について支給期間が１年６か月にプラスして延長されます。

　なお、被保険者期間が１年以上あり、会社を退職した日に傷病手当金を受けている、または受けられる状態であるときは、退職後も受給期間が満了するまで傷病手当金を受けることができます。

### ■ 傷病手当金の支給期間 ……………………………………………

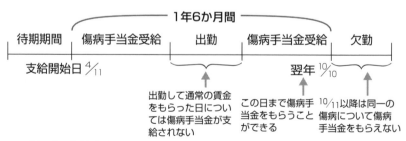

※令和３年の健康保険法の改正により、出勤して通常の賃金をもらった期間について支給期間が
　延長される（令和４年１月施行）

# 10 傷病手当金を受給するための手続き

休業１日につき標準報酬日額の３分の２の額が支給される

## ◉ 最大１年６か月に渡って手当金が支給される

　私傷病（業務以外でのケガや病気）による療養のため働くことができず給料をもらえないときは、休業１日につき標準報酬日額の３分の２の額が支給開始日から最大で１年６か月間支給されます。

【請求手続】

　健康保険傷病手当金支給申請書（179ページ）を提出します。提出先は、事業所を管轄する全国健康保険協会の都道府県支部または会社の健康保険組合です。

【添付書類】

　必ず添付しなければならない書類はありません。

【ポイント】

　病院などで診察を受けずに自宅で療養する場合もあるでしょう。このような場合であっても傷病手当金を請求することができます。ただ、病院にかからなかった理由などを記入した申立書の添付を求められる場合があります。

　健康保険を使わず自費で診察を受けた場合であっても傷病手当金は支給されますが、健康保険が使えない美容整形などについては支給されません。

　療養のため休業した日数が連続して３日間あることが必要です（この３日間を「待期期間」といいます）。支給期間の１年６か月とは、傷病手当金が支給される実日数ではなく、支給を開始した日からの暦日数で数えます。たとえば、４月11日分から傷病手当金をもらっている場合であれば、翌年の10月10日までの１年６か月間が最長の支給期

間ということになります。1年6か月間のうち、実際に傷病手当金をもらえるのは労務不能（働くことができないこと）による休業が終わるまでの期間です。

被保険者期間が1年以上あり、会社を退職した日に傷病手当金を受けている、または受けられる状態であるときは、退職後も受給期間が満了するまで傷病手当金を受けることができます。しかし休み始めて3日目に退職した場合は、待期の3日間は連続しても、傷病手当金を受け得る状態となっていませんので、退職後の傷病手当金は支給されません。

負傷の原因が交通事故など第三者の行為によるものであるときは、傷病手当金請求書に加えて別に「第三者の行為による傷病届」を添付してください。ケガなどの場合は、負傷原因についての届（負傷原因届）を添付する必要があります。

老齢年金や障害年金を受けている人は、支給調整が行われ、傷病手当金は、全額は支給されません。

## ■ 傷病の3日間（待期の完成）‥‥‥‥‥‥‥‥‥‥‥‥‥‥‥‥‥

| ① | 3/1 | 3/2 | 3/3 | 3/4 | 3/5 | 3/6 | 3/7 | 3/8 | 3/9 | 3/10 |
|---|---|---|---|---|---|---|---|---|---|---|
| | 出 | 休 | 出 | 休 | 休 | 出 | 出 | 休 | 休 | 出 |

| ② | 4/5 | 4/6 | 4/7 | 4/8 | 4/9 | 4/10 | 4/11 | 4/12 | 4/13 | 4/14 |
|---|---|---|---|---|---|---|---|---|---|---|
| | 出 | 休 | 出 | 休 | 休 | 休 | 休 | 休 | 休 | 休 |

> 休業した日が連続3日間なければ待期期間が完成しない
> ①では、連続した休業が2日しかないため、待期期間は完成しない
> ②では、4月8日、4月9日、4月10日と連続した休業が3日間あるので4月10日に待期が完成、4月11日から支給される

# 健康保険 **傷病手当金** 支給申請書（第 **1** 回）

**1** 2 3 4

被保険者記入用

傷

記入方法および添付書類等については、「健康保険 傷病手当金 支給申請書 記入の手引き」をご確認ください。

申請書は、楷書で枠内に丁寧にご記入ください。　記入見本 **0 1 2 3 4 5 6 7 8 9 アイウ**

## 被保険者情報

| 被保険者証の (左づめ) | 記号 | 番号 | | 生年月日 | 年 月 日 |
|---|---|---|---|---|---|
| | **7 1 0 1 0 2 0 3** | **1 3** | | **1** 1.昭和 2.平成 3.令和 | **6 1 0 1 3 1** |

氏名・印　（フリガナ）　ホンジョウ　タカシ
**本上　貴志**　印　自署の場合は押印を省略できます。

住所　〒 **1 1 0 0 0 0 1**　東京　都・道府・県
電話番号（日中の連絡先）※ハイフン除く　TEL **0 3 3 3 3 3 1 1 1 1**　目黒区東7-3-19

## 振込先指定口座

| 金融機関名称 | **東西** | 銀行 金庫 信組 農協 漁協 その他（　　） | **目黒駅前** | 本店 支店 代理店 出張所 本店営業部 本所 支所 |
|---|---|---|---|---|

預金種別　**1**　1.普通 3.別段 2.当座 4.通知　口座番号　**1 2 3 4 5 6 7**　左づめでご記入ください。

▼カタカナ（姓と名の間は1マス空けてご記入ください。濁点（゛）、半濁点（゜）は1字としてご記入ください。）

| 口座名義 | **ホ ン シ ゛ ヨ ウ　タ カ シ** | 口座名義の区分 | **1** 1.被保険者 2.代理人 |
|---|---|---|---|

「2」の場合は必ず記入・押印ください。（押印省略不可）

## 受取代理人の欄

本申請に基づく給付金に関する受領を下記の代理人に委任します。

| 被保険者 | 氏名・印　印 | | 1.平成 2.令和 | 年 月 日 |
|---|---|---|---|---|

住所　「被保険者情報」の住所と同じ

代理人（口座名義人）

〒　　　TEL（ハイフン除く）
住所
（フリガナ）　印
氏名・印

被保険者との関係

**「被保険者記入用」は2ページに続きます。** 》》》

被保険者のマイナンバー記載欄
（被保険者証の記号番号を記入した場合は記入不要です）
マイナンバーを記入した場合は、必ず本人確認書類を添付してください。　▶

(2019.5)
受付日付印

社会保険労務士の提出代行者名記載欄　印

| 様式番号 | | 協会使用欄 |
|---|---|---|
| **6 0 1 1 6 0** | **1** | |

🅟 全国健康保険協会
協会けんぽ

( 1 / 4 )

# 健康保険 傷病手当金 支給申請書

被保険者記入用

| 被保険者氏名 | 本上　貴志 |
|---|---|

## 申請内容

**① 傷病名**
1つの記入欄に複数の傷病名を記入しないでください。

1) 自律神経失調症
2)
3)

**② 初診日**

| | 年 | 月 | 日 |
|---|---|---|---|
| 2 1.平成 2.令和 | 0 3 | 0 7 | 0 1 |
| 1.平成 2.令和 | | | |
| 1.平成 2.令和 | | | |

**③ 該当の傷病は病気（疾病）ですか、ケガ（負傷）ですか。**

1. 病気 → **1**
（発病時の状況）7月1日の起床時に激しい発汗状態となり、症状が改善しないため受診した。
2. ケガ → 負傷原因届を併せてご提出ください。

**④ 療養のため休んだ期間（申請期間）**

| | 年 | 月 | 日 から |
|---|---|---|---|
| 2 1.平成 2.令和 | 0 3 | 0 7 | 0 1 |

| | 年 | 月 | 日 まで |
|---|---|---|---|
| 2 1.平成 2.令和 | 0 3 | 0 8 | 3 1 |

日数 6 2 日間

**⑤ あなたの仕事の内容（具体的に）**
（退職後の申請の場合は退職前の仕事の内容）

OA機器の営業（ルート回り）

## 確認事項

**① 上記の療養のため休んだ期間（申請期間）に報酬を受けましたか。または今後受けられますか。**

2　1. はい　2. いいえ

**①-① 「はい」と答えた場合、その報酬の額と、その報酬支払の対象となった（なる）期間をご記入ください。**

| | 年 | 月 | 日 | |
|---|---|---|---|---|
| 1.平成 2.令和 | | | | から |
| 1.平成 2.令和 | | | | まで |

報酬額 _____ 円

**② 「障害厚生年金」または「障害手当金」を受給していますか。受給している場合、どちらを受給していますか。**

3　1. はい　2. 請求中 → 1. 障害厚生年金　2. 障害手当金　3. いいえ

「はい」の場合 →

**②-① 「はい」または「請求中」と答えた場合、受給の要因となった（なる）傷病名及び基礎年金番号等をご記入ください。**
（「請求中」と答えた場合は、傷病名・基礎年金番号をご記入ください）

傷病名 _____

基礎年金番号 _____　年金コード _____

| 支給開始年月日 | 年 | 月 | 日 |
|---|---|---|---|
| 1.昭和 2.平成 3.令和 | | | |

年金額 _____ 円

**③ （健康保険の資格を喪失した方はご記入ください。）老齢または退職を事由とする公的年金を受給していますか。**

3　1. はい　2. 請求中　3. いいえ

「はい」の場合 →

**③-① 「はい」または「請求中」と答えた場合、基礎年金番号等をご記入ください。**
（「請求中」と答えた場合は、基礎年金番号のみをご記入ください。）

基礎年金番号 _____　年金コード _____

| 支給開始年月日 | 年 | 月 | 日 |
|---|---|---|---|
| 1.昭和 2.平成 3.令和 | | | |

年金額 _____ 円

**④ 労災保険から休業補償給付を受けていますか。（又は、過去に受けたことがありますか。）**

3　1. はい　2. 労災請求中　3. いいえ

「はい」の場合 →

**④-① 「はい」または「労災請求中」と答えた場合、支給元（請求先）の労働基準監督署をご記入ください。**

_____ 労働基準監督署

様式番号

6 0 1 2 6 9

「事業主記入用」は3ページに続きます。»»»

「健康保険傷病手当金支給申請書記入の手引き」の「添付書類」をご用意ください。および「支給期間と支給額③」をご確認ください。

全国健康保険協会
協会けんぽ

(2/4)

# 健康保険 傷病手当金 支給申請書

事業主記入用

労務に服することができなかった期間を含む賃金計算期間の勤務状況および賃金支払状況等をご記入ください。

**事業主が証明するところ**

| 被保険者氏名 | 本上　貴志 | | |
|---|---|---|---|

勤務状況　【出勤は○】で、【有給は△】で、【公休は公】で、【欠勤は／】でそれぞれ表示してください。

| | | 出勤 | 有給 |
|---|---|---|---|
| 1.平成 2.令和　年　　月 | ② ｜ 0 3 0 7 ｜ 公 公 ／ ／ ／ ／ 公 公 公 ／ ／ ／ 公 公 公 計 | 0 日 | 0 日 |
| ② ｜ 0 3 0 8 ｜ ／ 公 公 ／ ／ ／ 公 ／ ／ 公 公 ／ ／ ／ 公 ／ 計 | 0 日 | 0 日 | |
| | 1 2 3 4 5 6 7 8 9 10 11 12 13 14 15 16 17 18 19 20 21 22 23 24 25 26 27 28 29 30 31 計 | 日 | 日 |

| 上記の期間に対して、賃金を支給しました（します）か？ | ☐ はい ☑ いいえ | 給与の種類 | ☑ 月給　☐ 時間給<br>☐ 日給　☐ 歩合給<br>☐ 日給月給　☐ その他 | 賃金計算 | 締　日 | 末 | 　日 |
|---|---|---|---|---|---|---|---|
| | | | | | 支払日 | 2　1.当月<br>2.翌月 | 1 0 日 |

上記の期間を含む賃金計算期間の賃金支払状況をご記入ください。

| 区分 ＼ 期間<br>単価 | 07月01日～<br>07月31日分<br>支給額 | 08月01日～<br>08月31日分<br>支給額 | 月　日～<br>月　日分<br>支給額 |
|---|---|---|---|
| 基本給 | | 0 | |
| 通勤手当 | | | |
| 　　　手当 | | | |
| 　　　手当 | | | |
| 　　　手当 | | | |
| 　　　手当 | | | |
| 現物給与 | | | |
| 計 | 0 | 0 | |

賃金計算方法(欠勤控除計算方法等)についてご記入ください。

| 担当者氏名 | 山梨　有美 |
|---|---|

上記のとおり相違ないことを証明します。

事業所所在地　〒141-0000　東京都品川区五反田１−２−３

| | 年 | 月 | 日 |
|---|---|---|---|
| | 2　1.平成<br>2.令和 | 0 3 0 9 1 3 | |

事業所名称　株式会社　緑商会

事業主氏名　代表取締役　鈴木　太郎　㊞

電話番号<br>※ハイフン除く　0 3 3 3 2 1 1 1 2 3

様式番号

6 0 1 3 6 8

「療養担当者記入用」は4ページに続きます。》》》

全国健康保険協会
協会けんぽ

療養担当者記入用

| | |
|---|---|
| 患者氏名 | 本上　貴志 |

療養担当者が意見を記入するところ

| 傷病名 | (1) | 自律神経失調症 | | 初診日 (療養の給付開始年月日) | (1) | 2 1.平成 2.令和 | 年 月 日 0 3 0 7 0 1 |
|---|---|---|---|---|---|---|---|
| | (2) | | | | (2) | □ 1.平成 2.令和 | |
| | (3) | | | | (3) | □ 1.平成 2.令和 | |

| 発病または負傷の年月日 | 2 1.平成 2.令和 | 年 月 日 0 3 0 7 0 1 | ☑発病 □負傷 | 発病または負傷の原因 | 不詳 |
|---|---|---|---|---|---|

| 労務不能と認めた期間 | 2 1.平成 2.令和 | 0 3 0 7 0 1 | から | | |
|---|---|---|---|---|---|
| | 2 1.平成 2.令和 | 0 3 0 8 3 1 | まで | 6 2 日間 | |

| | | | | 発病または負傷の原因 | 不詳 |

| うち入院期間 | □ 1.平成 2.令和 | | から | 療養費用の別 | ☑健保　□公費（　　　） □自費　□その他 |
|---|---|---|---|---|---|
| | □ 1.平成 2.令和 | | まで 日間入院 | 転帰 | □治癒　□中止 ☑繰越　□転医 |

| 診療実日数 (入院期間を含む) | 6 日 | 診療日及び入院していた日を○で囲んでください。 | 0 7 月 | ① 2 3 4 5 6 7 8 9 10 11 12 13 ⑭ 15 16 17 18 19 20 21 22 23 24 25 26 ㉗ 28 29 30 31 |
|---|---|---|---|---|
| | | | 0 8 月 | 1 2 3 4 5 6 7 8 ⑨ 10 11 12 13 14 15 ⑯ 17 18 19 20 21 22 23 24 ㉕ 26 27 28 29 30 31 |
| | | | 月 | 1 2 3 4 5 6 7 8 9 10 11 12 13 14 15 16 17 18 19 20 21 22 23 24 25 26 27 28 29 30 31 |

上記の期間中における「主たる症状および経過」「治療内容、検査結果、療養指導」等（詳しく）

発汗異常・循環障害を発症。
投薬による治療を行う。

| 手術年月日 | □ 1.平成 2.令和 | 年 月 日 |
|---|---|---|
| 退院年月日 | □ 1.平成 2.令和 | |

症状経過からみて従来の職種について労務不能と認められた医学的な所見

経過は良好で安定しつつあるものの、依然として上記の症状が
継続しているため、自宅療養を要する。

| 人工透析を実施または人工臓器を装着したとき | 人工透析の実施または人工臓器を装着した日 □ 1.昭和 2.平成 3.令和 年 月 日 | 人工臓器等の種類 | □ 人工肛門　□ 人工関節 □ 人工骨頭　□ 心臓ペースメーカー □ 人工透析　□ その他（　　　） |
|---|---|---|---|

上記のとおり相違ありません。

| 医療機関の所在地 | 東京都港区芝町１－１－１ | 2 1.平成 2.令和 | 年 月 日 0 3 1 0 0 8 |
|---|---|---|---|
| 医療機関の名称 | 港総合病院 | | |
| 医師の氏名 | 三田　太郎　　　㊞ | 電話番号 ※ハイフン除く | 0 3 6 7 6 7 0 1 0 1 |

様式番号

6 0 1 4 6 7

# 11 休職中の社員に対する懲戒・減給の注意点について知っておこう

処分を行うとしても慎重に対応するようにする

## ● 休職中の社員に対して減給や降格はできるのか

　体調が思わしくなく、本来は休職してもよいくらいの状況で、本人が休職を希望せず、また会社命令で休職させることも難しいとなった場合、会社の対応が問われることになります。

　毎年の給与改定において、以前は昇給が一般的でしたが、成果主義を取り入れる会社も多くなり、給与改定＝昇給ではなくなり、場合によっては減給するというケースもあります。

　なお、ここでいう「減給」とは、懲戒による制裁としての減給ではなく、給与のベースそのものを減額することです。このような制度の変更は就業規則に記載しなければならないのですが、たとえば、それまでの就業規則で「年1回昇給」と明記していたものが、「減給もあり得る」となると、就業規則の不利益変更になります。そのため、労働者の同意をとっておかないと無効になってしまうことがありますので注意が必要です。

　減給や降格処分をすることができるか、という点については、体調を考慮し、業務を軽減したという事実だけでは減給や降格は難しいでしょう。もし勤務時間を短縮するような状況であれば、勤務していない部分については給与を支払わなくてもよいのですが、勤務している部分については今までどおりに支払う必要があります。職務内容が大幅に軽減され、他の社員とのバランスを欠くようなときは、本人と相談し、真に納得した状況下での同意を求める必要があります。その時期としては、やはり就業規則に記載された規定に従うことになります。

　なお、降格については、役職を外すといったことはできますが、給

与に直接影響を及ぼすような降格については減給と同様の手続きが必要です。

## ◉ 減給はどの程度できるのか

　実際に減給をするとして、どの程度減給できるのでしょうか。給与は職務とのバランスを考慮して設定されるものなので、配置転換等によって職務が大幅に軽減されたり、職務遂行能力が大幅に低下したりしている場合は、その職務あるいは能力に見合った給与が設定されれば問題がないように思われがちですが、急激に給与が下がると労働者の生活を維持することができません。法律による明確な規定はありませんが、無制限というわけにはいかないと思われます。

　雇用保険の被保険者が退職すると、離職証明書をハローワークに提出しますが、退職理由が「自己都合退職」としている場合でも、その原因が「賃金が従前の85％未満に低下」したことによる場合は会社都合の退職と同様に扱っています。したがって15％というのが減給限度額の一つの目安になります。

## ◉ 降格の種類と注意点

　降格には、「職制上の降格」と「職能資格制度上の降格」があります。「職制上」というのは、いわゆる役職です。役職の変動、つまり課長になったり部長になったり、と上位職に向かって変動するものを昇進というのに対し、下位職に向かう場合が「職制上の降格」となります。役職は、社員の能力、経験、実績、勤務態度、指導統制力、業務上の必要性などを考慮して役職が決定されます。したがって一度上位職に就いたとしても、その役職に見合う職務ができなければ、役職を失ったり下位職に降格させられたりします。これについては、会社の裁量権の範疇になりますので、濫用とされるような恣意的なものがなければ問題はありません。

次に「職能資格制度上の降格」ですが、給与体系のベースとして資格等級制度を導入している会社は多くあります。1等級、2等級というような数字を使用したり、「課長級」「部長級」といったり会社によってさまざまですが、実際の役職とはリンクしていないものの、給与の決定に密接に関係しています。この資格等級の変動を昇格、降格といいますが、この降格は即減給となりますので、その運用に厳格さが求められます。まず、就業規則に降格の要件が記載されていなければなりません。そして実際の降格該当者がその要件を満たしていることを客観的に証明できなければならないということになります。

　体調が悪いことで従前の職務ができない場合は、休職して療養に専念するのが一番よいのですが、それができない場合は配置転換などをして負担を軽減することが必要になります。それに伴い減給や降格するときは、職務に見合っていればよいというわけではなく、あらかじめ減給や降格を就業規則に規定し、急激な給与の減額にならないような配慮が必要となります。

■ 昇進・昇格と昇格・降格 ……………………………………………

**懲戒処分の種類と制約について知っておこう**

懲戒処分が必要な場合もある

## ● 懲戒処分を行うのは企業秩序を乱した場合

　企業は、従業員に対して懲戒処分を行うための社内規程を定めることができます。労働者が会社のルールを破って職場の秩序を乱した場合、使用者が会社の秩序を維持するために、労働者に科すペナルティ（制裁）を**懲戒処分**といいます。

　たとえば、就業規則に従わなかったり、法令違反となる行為を行うことで企業秩序を乱した場合には、企業は懲戒処分を行うことができます。

　懲戒処分は、従業員にとっては不利益となる処分です。そのため、懲戒処分に関する規定は明確なものにして、どのような行為が懲戒処分の対象になるのか従業員に周知する必要があります。

　懲戒処分の内容としては、減給処分や停職があります。減給処分は、すでに発生している賃金債権を企業が支払わないという処分ですが、停職は以後の出勤を禁じることで労働者の賃金債権を発生させないという点に特徴があります。

　減給処分を行う場合、一定の金額（次ページ）を超えてはいけません。これに対して停職処分は以後の出勤を禁じて労働者の賃金債権を発生させないという処分ですので、このような制限はありません。

　懲戒として停職処分を行う場合、停職中の賃金債権は発生しませんし、賞与や退職金の算定の基礎となる期間にも算入されません。

## ● 懲戒処分の内容について

　労働者に懲戒処分を科すには、就業規則の中で、どのようなことが処分の対象になるのかということと、懲戒処分の種類が具体的に定め

られていることが必要です。懲戒処分には、次のようなものがあります。

① 戒告・譴責

　将来を戒め、始末書は提出させないのが戒告で、始末書を提出させるのが譴責です。戒告と譴責は、懲戒処分の中ではもっとも軽い処分ですが、昇給、昇格、賞与などの一時金の査定上不利に扱われることがあります。

② 減給

　減給の額が不当に高くならないように、労働基準法91条では1回の減給額が平均賃金の1日分の2分の1以下、かつ一回に支払う賃金の額の10分の1以下と定められており、制限を設けています。

　また、会社に実際に損害が発生した場合、会社は減給とは別に受けた損害の賠償を労働者に請求することができます（民法415条）。たとえば火気厳禁の場所でたばこの火の不始末から会社の重要な機材を焼失させてしまった場合に、減給処分といっしょに機材の弁償を請求するような場合です。

③ 停職（自宅謹慎、懲戒休職）

　懲戒処分として一定期間出勤させないという処分です。

　その間は給料が支払われませんから、結果としてその間減収となります。出勤停止は2週間以内程度とするのが一般的です。出勤停止による減収には、減給の場合についての労働基準法91条の制限はありません。

④ 諭旨解雇

　本人の自発的退職という形で解雇することです。処分理由が懲戒解雇の場合よりも少しだけ軽い場合で、本人が会社に功績を残している場合などに行われます。また、諭旨解雇に応じなければ懲戒解雇にするというケースも多いようです。

⑤ 懲戒解雇

　もっとも重い処分です。会社の都合でする普通解雇や整理解雇と違い、本人の不行跡を理由に解雇するものです。解雇予告は不要です

（ただし、懲戒解雇が正当であるかどうかについて労働基準監督署長の解雇予告除外認定が必要です）。また、予告手当の支払いも必要なく、即時解雇できます（労働基準法20条１項ただし書）。他の解雇と比べて、本人に大きな不利益を与える処分なので事実上再就職が困難になるという面もあります。そのため、懲戒解雇の適用には、他の解雇以上に厳しい条件が課せられています。ただ、本人に一切の弁明の機会も与えず、いきなり懲戒解雇にすることはできません。

懲戒解雇事由としては、職場や会社の秩序を乱す行為や服務規定違反を繰り返している場合、窃盗や傷害、詐欺などの犯罪を行うなど会社の名誉を著しく汚し、信用を失墜させた場合、私生活上の非行などが考えられます。懲戒解雇された労働者は、退職金の全部または一部が支払われないのが通常です。

また、懲戒解雇は解雇者の再就職にも大変な影響を与えるため、表向き普通解雇の形が採られることもありますが、その場合には使用者は解雇者に退職金を支払わなければなりません。

## ◉ 裁判所は懲戒解雇を認めないことが多い

裁判所も、懲戒解雇をより厳しく判断する傾向にあるようです。裁判で懲戒解雇の有効性が争われた場合、規律違反による会社の損害や個人の勤務態度などの諸事情を考えて、懲戒解雇にするしかないという場合に限り、懲戒解雇を認めています。

一般的に、就業規則に懲戒解雇事由が列挙されているだけでは、懲戒解雇にするには不十分で、同様の行為で懲戒解雇にした先例があるかどうかなどの諸事情を考慮して、また処分が適正な手続きに基づいてなされたかどうかなどを検討します。

## ◉ 私生活上の非行を理由とする懲戒処分は有効か

就業規則の懲戒処分の事由として、「会社の名誉を汚し信用を失墜

させた場合」という条項が多く見受けられます。私生活上の非行であっても、会社の名誉、体面、信用が傷つけられた場合には懲戒処分にできるとする規定です。このような就業規則は有効なのでしょうか。

労働者は、就業時間内だけ労働力を提供するために使用者の指揮命令に従っているにすぎません。労働者はその私生活まで、全面的に使用者に支配・干渉されるものでないことは言うまでもありません。そう考えると、懲戒処分は会社の秩序を維持するためのものですから、

## ■ 懲戒処分のしくみ ·····················································

問題発生

↓

就業規則に定められた懲戒事由にあたるか → あたらないときは懲戒できない

<懲戒事由>

①重要な経歴の詐称、②勤務成績の不良、③業務命令違反
④会社施設・財産の破壊、⑤窃盗、⑥事業所内外での非行
⑦会社の機密・営業上の秘密の漏えい
⑧業務遂行に関する金品受領　など

↓

労働者の非行の程度と処分のバランスを比較検討

↓

労働者の弁解を聞く機会を設ける（適正手続き）

<懲戒処分の種類>

①戒告・譴責、②減給、③停職（自宅謹慎、懲戒休職）、
④諭旨解雇、⑤懲戒解雇

↓

懲戒処分の決定

労働者の私生活上の非行を理由として懲戒処分に処することは原則としてできないと考えるべきです。

しかし現実には、労働者の私生活上の非行によって会社が社会的な信用を失い、秩序維持が損なわれることがあります。そこで、このような場合には、例外的に懲戒処分をすることができるとされています。

## ◉ 業務災害などの場合にはタイミングも重要

懲戒処分を行うべき労働者に対して休業を命じるケースがあります。たとえば、トラックの運転手がスピード違反をして交通事故を起こし、負傷して業務ができなくなったという場合です。

懲戒処分は労働者に対する制裁であり、懲戒処分のタイミングは非常に重要です。業務災害で休業中に労働者に対して懲戒処分を行うことは、懲戒処分のタイミングとして適切ではありません。そのため、原則としては、労働者が休業から復帰してから懲戒処分を行います。

ただし、休業が長引いている場合、懲戒処分が遅れて適切なタイミングを逃してしまう可能性があります。その場合には、労働者の復職を待たずに懲戒処分を行います。

## ◉ どんな規定を置けばよいのか

懲戒処分の規定の中では、労働者がどのような行為を行った場合に懲戒処分の対象となるのかを明記する必要があります。たとえば、「会社の定める規定、法令に違反したとき」「勤務に関して注意されたのに改善されないとき」「遅刻・欠勤を繰り返したとき」などの場合を懲戒処分の対象とします。

また、懲戒処分の中身にはどのようなものがあるのかを定める必要があります。たとえば、「始末書をとる」「減給する」「降格する」などのことを懲戒処分の内容として定めておきます。

# 13 休職していた従業員が退職する場合の手続き

雇用保険や社会保険の手続きが必要になる

## ● 休職中の社員が退職する場合の手続き

　退職した場合、社会保険や雇用保険上の手続きをすることになります。事業主は、労働者が社会保険の資格を喪失した日（離職した日の翌日）から5日以内に管轄の年金事務所へ**健康保険厚生年金保険被保険者資格喪失届**を提出します。事業主は、労働者が離職した日の翌日から10日以内に**雇用保険被保険者資格喪失届**を、管轄の公共職業安定所へ届け出ます。

　また、離職した人が雇用保険の給付を受ける際には離職票が必要になるため、事業者は**離職証明書**（次ページ）を作成します。離職証明書は3枚つづりの構成で、1枚目が事業主控え、2枚目がハローワークへの提出用、3枚目が離職者用となります。離職日の翌日から10日以内に管轄の公共職業安定所に届け出ます。次ページの書式は1年以上休職していた正社員がそのまま退職する場合で、会社の担当者が作成する離職証明書です。賃金の支給がまったくなかった区分期間（令和2年2月1日～令和3年3月20日）は、記載を省略しています。つまり、本ケースでは、最後に賃金が支払われていた被保険者期間算定対象期間（令和2年1月21日～令和2年2月20日）からさかのぼって具体的な賃金額を記載することになります。また⑬欄には、「自2.2.1 至3.3.20 414日間私疾病による休職のため賃金の支払いなし」と記載しています。

様式第5号

## 雇用保険被保険者離職証明書（安定所提出用）

| ① 被保険者番号 | 7890 - 123456 - 7 | ③ フリガナ | ヤマモトカズヒコ | ④ 離職 年月日 | 令和 | 年 3 | 月 3 | 日 20 |
|---|---|---|---|---|---|---|---|---|
| ② 事業所番号 | 1111 - 111111 - 1 | 離職者氏名 | 山本和彦 | | | | | |

| ⑤ | 名称 | 株式会社佐藤商事 | ⑥ 離職者の 住所又は居所 | 〒120-6789　足立区○○7-8-9 |
|---|---|---|---|---|
| 事業所 | 所在地 | 品川区○○1-1-1 | | |
| | 電話番号 | 03-1111-1111 | | 電話番号（ 03 ）7890-1234 |

この証明書の記載は、事実に相違ないことを証明します。

| 事業主 | 住所 | 品川区○○1-1-1 | ※離職票交付 令和　年　月　日 (交付番号　　　　番) | 離職票 受領 印 |
|---|---|---|---|---|
| | 氏名 | 代表取締役　佐藤清　㊞ | | |

## 離職の日以前の賃金支払状況等

| ⑧ 被保険者期間算定対象期間 | | ⑨ ⑧の期間における賃金支払基礎日数 | ⑩ 賃金支払対象期間 | ⑪ ⑩の基礎日数 | ⑫ 賃金額 | | | ⑬ 備考 |
|---|---|---|---|---|---|---|---|---|
| Ⓐ 一般被保険者等 | Ⓑ 短期雇用特例被保険者 | | | | Ⓐ | Ⓑ | 計 | |
| 離職日の翌日 3月21日 | | | | | | | | |
| 2月21日～ 離職日 | 離職月 | 0日 | 2月21日～ 離職日 | 0日 | 0 | | | 自 2.2.1 自 3.3.20 |
| 1月21日～2月20日 | 月 | 11日 | 1月21日～2月20日 | 11日 | 88,800 | | | 413日間私疾病 による休職のため |
| 12月21日～1月20日 | 月 | 31日 | 12月21日～1月20日 | 31日 | 250,000 | | | 賃金支払いなし |
| 11月21日～12月20日 | 月 | 30日 | 11月21日～12月20日 | 30日 | 250,000 | | | |
| 10月21日～11月20日 | 月 | 31日 | 10月21日～11月20日 | 31日 | 250,000 | | | |
| 9月21日～10月20日 | 月 | 30日 | 9月21日～10月20日 | 30日 | 250,000 | | | |
| 8月21日～9月20日 | 月 | 31日 | 8月21日～9月20日 | 31日 | 250,000 | | | |
| 7月21日～8月20日 | 月 | 31日 | 7月21日～8月20日 | 31日 | 250,000 | | | |
| 6月21日～7月20日 | 月 | 30日 | 6月21日～7月20日 | 30日 | 250,000 | | | |
| 5月21日～6月20日 | 月 | 31日 | 5月21日～6月20日 | 31日 | 250,000 | | | |
| 4月21日～5月20日 | 月 | 30日 | 4月21日～5月20日 | 30日 | 250,000 | | | |
| 3月21日～4月20日 | 月 | 31日 | 3月21日～4月20日 | 31日 | 250,000 | | | |
| 2月21日～3月20日 | 月 | 28日 | 2月21日～3月20日 | 28日 | 250,000 | | | |

| ⑭ 賃金に関する特記事項 | | ⑮この証明書の記載内容（⑦欄を除く）は相違ないと認めます。 （記名押印又は自筆による署名） |
|---|---|---|
| | | （離職者 氏名）　山本和彦 ㊞ |

| ※ 公共職業安定所記載欄 | ⑮欄の記載 　　有・無 |
|---|---|
| | ⑯欄の記載 　　有・無 |
| | 　資・聴 |

| ※ | 所長 | 次長 | 課長 | 係長 | 係 |
|---|---|---|---|---|---|
| | | | | | |

本手続きは電子申請による申請も可能です。本手続きについて、電子申請により行う場合には、被保険者が離職証明書の内容について確認したことを証明することができるものを本離職証明書の提出と併せて送信することをもって、当該被保険者の電子署名に代えることができます。
また、本手続きについて、社会保険労務士が電子申請による本届書の提出に関する手続を事業主に代わって行う場合には、当該社会保険労務士が当該事業主の提出代行者であることを証明することができるものを本届書の提出と併せて送信することをもって、当該事業主の電子署名に代えることができます。

| 社会保険労務士記載欄 | 作成年月日・提出代行者・事務代理者の表示 | 氏　　　名 | 電話番号 |
|---|---|---|---|
| | | ㊞ | |

⑦離職理由欄…事業主の方は、離職者の主たる離職理由が該当する理由を1つ選択し、左の事業主記入欄の□の中に○印を記入の上、下の具体的事情記載欄に具体的事情を記載してください。

【離職理由は所定給付日数・給付制限の有無に影響を与える場合があり、適正に記載してください。】

| 事業主記入欄 | 離　　職　　理　　由 | ※離職区分 |
|---|---|---|
| □ | 1　事業所の倒産等によるもの<br>(1) 倒産手続開始、手形取引停止による離職 | 1 A |
| □ | (2) 事業所の廃止又は事業活動停止後事業再開の見込みがないため離職 | 1 B |
| □ | 2　定年によるもの<br>定年による離職（定年　　歳）<br>定年後の継続雇用 { を希望していた（以下のaからcまでのいずれかを1つ選択してください）<br>　　　　　　　　　　{ を希望していなかった<br>　　a　就業規則に定める解雇事由又は退職事由（年齢に係るものを除く。以下同じ。）に該当したため<br>　（解雇事由又は退職事由と同一の事由として就業規則又は労使協定に定める「継続雇用しないことができる事由」に該当して離職した場合も含む。）<br>　　b　平成25年3月31日以前に労使協定により定めた継続雇用制度の対象となる高年齢者に係る基準に該当しなかったため<br>　　c　その他（具体的理由：　　　　　　　　　　　　　　　　　　　　　） | 2 A<br>2 B<br>2 C |
| □ | 3　労働契約期間満了等によるもの<br>(1) 採用又は定年後の再雇用時等にあらかじめ定められた雇用期限到来による離職<br>　（1回の契約期間　　箇月、通算契約期間　　箇月、契約更新回数　　回）<br>　（当初の契約締結後に契約期間や更新回数の上限を短縮し、その上限到来による離職に該当　する・しない）<br>　（当初の契約締結後に契約期間や更新回数の上限を設け、その上限到来による離職に該当　する・しない）<br>　（定年後の再雇用時にあらかじめ定められた雇用期限到来による離職で　ある・ない）<br>　（4年6箇月以上5年以下の通算契約期間の上限が定められ、この上限到来による離職で　ある・ない）<br>　→ある場合（同一事業所の有期雇用労働者に一般に4年6箇月以上5年以下の通算契約期間の上限が平成24年8月10日前から定められて　いた・いなかった） | 2 D<br>2 E |
| □ | (2) 労働契約期間満了による離職<br>　①　下記②以外の労働者<br>　　（1回の契約期間　　箇月、通算契約期間　　箇月、契約更新回数　　回）<br>　　（契約を更新又は延長することの確約・合意の　有・無（更新又は延長しない旨の明示の　有・無））<br>　　（直前の契約更新時に雇止め通知の　有・無）<br>　　（当初の契約締結後に不更新条項の追加が　ある・ない）<br>　　労働者から契約の更新又は延長 { を希望する旨の申出があった<br>　　　　　　　　　　　　　　　　{ を希望しない旨の申出があった<br>　　　　　　　　　　　　　　　　{ の希望に関する申出はなかった | 3 A<br>3 B<br>3 C<br>3 D<br>4 D<br>5 E |
|  | 　②　労働者派遣事業に雇用される派遣労働者のうち常時雇用される労働者以外の者<br>　　（1回の契約期間　　箇月、通算契約期間　　箇月、契約更新回数　　回）<br>　　（契約を更新又は延長することの確約・合意の　有・無（更新又は延長しない旨の明示の　有・無））<br>　　労働者から契約の更新又は延長 { を希望する旨の申出があった<br>　　　　　　　　　　　　　　　　{ を希望しない旨の申出があった<br>　　　　　　　　　　　　　　　　{ の希望に関する申出はなかった<br>　　a　労働者が適用基準に該当する派遣就業の指示を拒否したことによる場合<br>　　b　事業主が適用基準に該当する派遣就業の指示を行わなかったことによる場合（指示した派遣就業が取りやめになったことによる場合を含む。）<br>　　（aに該当する場合は、更に下記の5のうち、該当する主たる離職理由を更に1つ選択し、○印を記入してください。該当するものがない場合は下記の6に○印を記入した上、具体的な理由を記載してください。） |  |
| □ | (3) 早期退職優遇制度、選択定年制度等により離職 |  |
| □ | (4) 移籍出向 |  |
| □ | 4　事業主からの働きかけによるもの<br>(1) 解雇（重責解雇を除く。） |  |
| □ | (2) 重責解雇（労働者の責めに帰すべき重大な理由による解雇） |  |
| □ | (3) 希望退職の募集又は退職勧奨<br>　①　事業の縮小又は一部休廃止に伴う人員整理を行うためのもの |  |
| □ | 　②　その他（理由を具体的に　　　　　　　　　　　　　　　　） |  |
| □ | 5　労働者の判断によるもの<br>(1) 職場における事情による離職<br>　①　労働条件に係る問題（賃金低下、賃金遅配、時間外労働、採用条件との相違等）があったと労働者が判断したため |  |
| □ | 　②　事業主又は他の労働者から就業環境が著しく害されるような言動（故意の排斥、嫌がらせ等）を受けたと労働者が判断したため |  |
| □ | 　③　妊娠、出産、育児休業、介護休業等に係る問題（休業等の申出拒否、妊娠、出産、休業等を理由とする不利益取扱い）があったと労働者が判断したため |  |
| □ | 　④　事業所での大規模な人員整理があったことを考慮した離職 |  |
| □ | 　⑤　職種転換等に適応することが困難であったため（教育訓練の　有・無） |  |
| □ | 　⑥　事業所移転により通勤困難となった（なる）ため（旧（新）所在地：　　　　　　　） |  |
| □ | 　⑦　その他（理由を具体的に　　　　　　　　　　　　　　　　） |  |
| □ | (2) 労働者の個人的な事情による離職（一身上の都合、転職希望等） |  |
| ◎ | 6　その他（1-5のいずれにも該当しない場合）<br>（理由を具体的に　就業規則に基づき休職期間満了により退職　　　　　　） |  |

具体的事情記載欄（事業主用）

休職は1年を限界とするが、経過するも治ゆせず復帰不能のため

⑯離職者本人の判断（○で囲むこと）
事業主が○を付けた離職理由に異議　有り・㊙

記名押印又は自筆による署名（離職者氏名）　山本和彦　㊞

# 解雇予告手当と平均賃金について知っておこう

解雇予告や解雇予告手当の支払いは原則として必要である

## ● 解雇予告とは

　社員が自分の都合で退職する場合と違い、会社は、①30日前までに解雇を予告した場合、②社員側の責任による懲戒解雇の場合、③やむを得ない事情があって解雇する場合、を除いて社員を解雇できないことになっています。社員を解雇する場合、事前に解雇する理由を明確にしてそれが就業規則や雇用（労働）契約書に書かれている理由に該当するかを確認し、さらに法律上解雇が禁止されているケースに該当しないかをチェックします。

　こうした確認を経て、はじめてその社員を解雇することになりますが、社員の解雇を決めたとしても、その場ですぐに解雇することはできません。法律上、原則として会社は少なくとも30日前までに、解雇を予告しなければならないとされているためです。なお、解雇の通知は口頭で行うこともできますが、後のトラブルを避けるためには書面で行った方がよいでしょう。

## ● 解雇予告や解雇予告手当の支給が不要な場合もある

　会社は原則として解雇予告をしなければならないとされていますが、次に挙げる社員については、解雇予告や解雇予告手当の支給をすることなく解雇ができます。

①　雇い入れてから14日以内の試用期間中の社員

②　日々雇い入れる社員

③　雇用期間を2か月以内に限る契約で雇用している社員

④　季節的業務を行うために雇用期間を4か月以内に限る契約で雇用

している社員

　試用期間中の社員については、すでに15日以上雇用している社員を解雇する場合には、解雇予告や解雇予告手当が必要となるので、注意しましょう。

## ● 除外認定を受ければ支払わなくてもよい

　以下のケースにおいて、社員を解雇する場合は、解雇予告あるいは解雇予告手当の支払いは不要とされています（解雇予告の除外認定）。

①　天災地変その他やむを得ない事由があって事業の継続ができなくなった場合

②　社員に責任があって雇用契約を継続できない場合

　①のケースとしては、具体的には地震などの災害によって、事業を継続することができなくなったような場合です。一方、②には、懲戒解雇事由にあたるような問題社員を解雇する場合などが該当します。

　①や②に該当した場合であっても、労働基準監督署長の認定を受け

### ■ 解雇予告が必要になるとき ·············································

| 必要になるとき | | |
|---|---|---|
| ① | 日々雇い入れられる者 | 1か月を超えて引き続き使用されるに至ったとき |
| ② | 2か月以内の期間を定めて使用される者 | 所定の期間を超えて引き続き使用されるに至ったとき |
| ③ | 季節的事業に4か月以内の期間を定めて使用される者 | 所定の期間を超えて引き続き使用されるに至ったとき |
| ④ | 試用期間中の者 | 14日を超えて引き続き使用されるに至ったとき |
| ⑤ | 労働者の責めに帰すべき事由に基づいて解雇するとき | 労働基準監督署長による認定が受けられないとき |
| ⑥ | 天災事変その他のやむを得ない事由のために事業の継続が不可能となったとき | 労働基準監督署長による認定が受けられないとき |

ていない場合には、通常の場合と同じように解雇予告あるいは解雇予告手当の支払いが必要となります。したがって、社員を解雇する際に、①②に該当する場合には、**解雇予告除外認定申請書**（201ページ）を管轄の労働基準監督署に提出した上で認定を受ける必要があります。①②にあたる場合であっても、認定を受けずに解雇予告手当を支払うことなく社員を即日解雇した場合、労働基準法違反となり、処罰の対象となりますから、注意が必要です。

　なお、除外認定を受けたからと言って退職金を支払わなくてもよいということにはなりません。つまり、たとえば懲戒解雇事由にあたる社員を懲戒解雇した場合に、退職金を支給するかどうか、金額を減じるかどうか、といった問題は、除外認定とは別の話になるということです。退職金については、就業規則の記載内容に従って処理することになります。なお、就業規則の規定に従って退職金を減額したり、支給しなかった場合でも、後で覆される可能性はあります。会社が規定に従って退職金を支給しなかったり減額したとしても、その対応があまりにバランスに欠けると判断される場合には、最終的に訴訟を起こされた際に、裁判所から支給しなかった分について、支払うように命じられることもありますから注意が必要です。

## ● 懲戒解雇の場合には解雇予告が不要なのか

　前述した①②に該当する場合、解雇予告や解雇予告手当の支払いが不要となります（労働基準法20条1項ただし書）。したがって、解雇する社員に懲戒解雇事由がある場合には、労働基準監督署長の認定を受ければ解雇の予告は必要ありません。②の「社員に責任があって」というのは、法律上は「労働者の責に帰すべき事由に基づいて」と規定されているものですが、この「労働者の責に帰すべき事由」とは、解雇の予告期間を置かずに即日解雇されたとしてもやむを得ないと判断されるほどに重大な服務規律違反あるいは背信行為をした場合で

ある、と解釈されています。「重大な服務規律違反・背信行為」とは、たとえば、社内で盗取、横領、傷害といった刑法上罰せられるような犯罪行為を行った場合や、正当な理由もないのに2週間以上も無断欠勤し、かつ出勤の督促にも応じないような場合などが該当します。

　注意しなければならないのは、就業規則に定めている懲戒解雇事由に該当するだけでは、解雇予告や解雇予告手当の支払いが不要となるわけではない、ということです。解雇予告や解雇予告手当の支払いをせずに問題社員を懲戒解雇処分とするためには、前述の除外認定を受ける必要があります。この認定を受ける手続は、通常申請してから2週間から1か月程度の期間がかかります。その間に、その社員に懲戒解雇事由があるかどうか、事実認定が行われます。場合によっては該当する社員や関係者を対象とする聞き取り調査が実施される場合もあ

■ 解雇予告手当の具体的な計算例 ……………………………………

（事例）解雇予告手当の求め方

〈 月給制、賃金締切日が20日の会社 〉

| | 5月20日 | 6月20日 | 7月20日 | 8月20日 | 9月4日 |
|---|---|---|---|---|---|
| 総日数(日) | 31 | 30 | 31 | | 解雇予告 |
| 賃金額(円) | 160,000 | 160,000 | 160,000 | | |

$(160{,}000 × 3) ÷ 92 ≒ 5{,}217$円（1円未満は切り捨て）

➡ 平均賃金は5,217円となる

〈 日給制・時給制、賃金締切日が20日の会社 〉

| | 5月20日 | 6月20日 | 7月20日 | 8月20日 | 9月4日 |
|---|---|---|---|---|---|
| 総日数(日) | 31 | 30 | 31 | | 解雇予告 |
| 労働した日(日) | 10 | 13 | 17 | | |
| 賃金額(円) | 80,000 | 100,000 | 120,000 | | |

$(80{,}000 + 100{,}000 + 120{,}000) ÷ 92 = 3{,}260$円（1円未満は切り捨て）
$(80{,}000 + 100{,}000 + 120{,}000) ÷ 40 × 0.6 = 4{,}500$円
3,260円 ＜ 4,500円

➡ 平均賃金は4,500円となる（最低保障額）

りますから、除外認定を申請する場合には、あらかじめ十分な証拠をそろえておくようにしましょう。

## ◉ 平均賃金とは

「賃金」は社員が働いたことへの対価として会社が支払うものです。一方、何らかの事情で社員が働けなかった、あるいは働かなかった期間であっても、賃金を支払わなければならない場合もあります。たとえば社員が有給休暇を取得した場合や、労災事故などによって休業した場合です。この場合、その期間の賃金の額は会社側が一方的に決められるわけではありません。賃金の額は、労働基準法の規定に基づいて１日の賃金額を算出し、これに期間中の日数を乗じて求めることになっています。その基準となる１日の賃金額を、労働基準法上では**平均賃金**と呼んでいます。

労働基準法12条によると、平均賃金の算出方法は「これを算定すべき事由の発生した日以前３か月間にその労働者に対し支払われた賃金の総額を、その期間の総日数で除した金額」とされています。

これは、できるだけ直近の賃金額から平均賃金を算定することによって、労働者の収入の変動幅を少なくするためです。

たとえば日給月給制で雇用されている人の場合、１年間はおおむね同額の賃金になるはずです。しかし実際には、時間外勤務や、遅刻や早退による控除などがありますので、月々の支給額は変動するのが一般的です。このため、「算定すべき事由の発生した日」を起点として平均賃金を算定するようになっているわけです。

## ◉ 解雇予告手当を支払って即日解雇する方法もある

休職制度を活用しても復職が見込めないケースでは、会社はその労働者の解雇を検討することになります。社員を解雇する場合、会社は原則として解雇の予定日より30日前にその社員に解雇することを予告

しなければなりません。

　しかし、常に社員を30日先まで解雇できないとすると、かなり不都合な場合も出てきます。こうした場合に備えて、その社員を速やかに解雇する方法も用意されています。それは、その社員を即日解雇するかわりに、30日分以上の平均賃金を**解雇予告手当**として支払う、という方法です（労働基準法20条）。この方法をとれば、会社は解雇予告を行わずに問題社員を即日解雇することができます。

　いずれの場合にも、原則として、解雇する旨を伝えた日から賃金あるいは平均賃金の少なくとも30日分以上を支払わなければならないという点に変わりはありません。しかし、細かい部分では両者には違いがあります。たとえば、解雇予告手当を支払って即日解雇する場合、その手当金には社会保険料がかかりません。解雇予告手当は賃金ではなく退職所得として計上されるためです。

　このように、解雇予告手当を支払う場合には、通常の解雇予告とは経理上の処理が異なりますから、実行する場合には、注意してください。なお、解雇予告手当は即日解雇する場合だけでなく、たとえば業務の引き継ぎなどの関係で15日間は勤務してもらい、残りの15日分の解雇予告手当を支払う、といった形で行うこともできます。いずれの場合であっても、解雇予告手当を支払った場合には、必ず受け取った社員に受領証を提出させるようにしましょう。

### ■ 解雇予告日と解雇予告手当 ……………………………………………

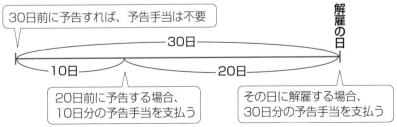

## ■ 平均賃金の算出方法 ·····················································

$$\frac{\text{算定事由の発生した日以前3か月間にその労働者に支払われた賃金総額}}{\text{上記の3か月間の総日数}}$$

### 【「以前3か月間」の意味】

算定事由の発生した日（＊）は含まず賃金締切日がある場合は、直前の賃金締切日から起算

（＊）「算定事由の発生した日」とは、
　　　解雇予告手当の場合「解雇通告した日」
　　　休業手当の場合「その休業日の初日」
　　　年次有給休暇中の賃金の場合「有給休暇の初日」
　　　災害補償の場合「事故発生の日又は疾病の発生が確定した日」
　　　減給の制裁の場合「制裁意思が労働者に到達した日」

### 【計算基礎から除外する期間・賃金】

・業務上のケガや病気（業務災害）による休業期間
・産前産後の休業期間
・使用者の責に帰すべき事由による休業期間
・育児・介護休業法による育児・介護休業期間
・試用期間

### 【賃金総額から除外される賃金】

・臨時に支払われた賃金（結婚祝金、私傷病手当など）
・3か月を超える期間ごとに支払われた賃金（賞与など）
・法令・労働協約に基づかない現物給与

### 【平均賃金の最低保障額】

日給制、時間給制などの場合、勤務日が少ないと上記の計算式では異常に低くなってしまう場合があるため、最低保障額が定められている。上記計算式の算出額と、次の計算式の算出額を比較し、多い方を平均賃金とする。

・**賃金が日給、時間給、出来高給その他の請負制であった場合**

$$\frac{\text{3か月間の賃金総額}}{\text{その期間中に労働した日数}} \times \frac{60}{100} \cdots Ⓐ$$

・**雇入れ後3か月に満たない者の場合**

　雇入れ後に支払われた賃金総額÷雇入れ後の期間の総日数

様式第3号（第7条関係）

## 解雇予告除外認定申請書

| 事業の種類 | 事業の名称 | 事業の所在地 |
|---|---|---|
| 物品販売業 | 株式会社○○○○ | 東京都○○○区○○○×－×－× |

| 労働者の氏名 | 個人年月日 | 性別 | 業務の種類 | 労働者の責に帰すべき事由 |
|---|---|---|---|---|
| ×××× | 平成○・○・○ | 男 | 営業 | 左欄記載の労働者が、令和○年○月○日に営業先の○○株式会社より、商品の売掛金を現金で回収したが、経理に報告せず、私的な費用に充てていたため。 |
| | ・・ | | | |
| | ・・ | | | |
| | ・・ | | | |
| | ・・ | | | |

令和○年　○月　○日

○○　労働基準監督署長殿

使用者　職　名　株式会社○○○○

代表取締役

氏　名　△△△△

（会社代表印）

## ◉ 業務災害を理由とする解雇には制限がある

　企業は、労働者が業務の中で負傷したり、病気にかかっていたことで休業していた間と休業明けの30日間は、その労働者を解雇することはできません。

　労働者は業務の中で負傷したり病気になることがあります。しかし、だからといって、負傷や病気を理由に簡単に解雇されたのでは労働者の生活が不安定になってしまいます。そのため、休業期間中と休業期間明けの30日間は、企業がその労働者を解雇することは禁止されています。

　ただし、企業が労働者に対して**打切補償**（療養開始後3年が経っても完治しない場合に、会社が平均賃金1200日分の金額を支払うことで、その後の補償を打ち切ることができる制度）を支払った場合には解雇をすることができます。また、業務の中で負ったケガや病気が完治しない状態で症状が固定し、職場復帰ができなくなった場合には、労働者を解雇することは可能です。

## ◉ 業務災害によるうつ病で休職している労働者を解雇できるのか

　うつ病が業務災害と認定された場合、労働者の休業期間中と休業期間明けの30日間は、その労働者を解雇することはできません。

　企業としては、休職命令を延長するか、または新しい理由により休職命令を出す必要があります。労働者との雇用関係を維持しなければならず、不当に解雇することはできません。

# 第5章

## 産前産後休業・育児休業・
## 介護休業の法律と書式

# 妊娠出産に関する法律の規定はどのようになっているのか

働く母体を保護するための制度が設けられている

## ● どのような法律の規定があるのか

妊娠・出産・育児に関する制度としては、以下のものが挙げられます。

### ① 産休や育児時間

労働基準法では、母体の健康や育児の環境を整えるため、使用者に対して労働環境への配慮を求めています。たとえば、産前産後の期間中の女性を就業させてはならないことや、妊産婦（妊娠中の女性や産後1年を経過しない女性）が請求した場合に時間外労働や深夜業をさせてはならないことなどが挙げられます。また、生後満1年に達しない生児を育てる女性は、就業時間中であっても1日2回各々少なくとも30分、その生児を育てるための時間を請求できます。

### ② 出産育児一時金・出産手当金

会社員であれば、大半は健康保険という医療保険制度に加入しています。健康保険法は、出産における経済的な負担を軽減するため、出産育児一時金や出産手当金（206 ～ 207ページ）について定めています。

### ③ 不利益取扱いの禁止等

男女雇用機会均等法は、妊娠出産を理由とする解雇等の不利益な取扱いをしないことや、妊産婦のための保健指導または健康診査を受診するための時間の確保をすることなどを定めています。

## ● 産休はどんな場合にとれるのか

産前産後の休業は、母体の保護や次世代を担う労働力の保護という観点から設けられた制度で、女性の労働者すべてに認められます。

具体的には、6週間（双子などの多胎妊娠の場合は14週間）以内に

出産することが予定されている女性が産前休業を請求した場合、使用者は、その者を就業させてはなりません。産前休業の期間は、出産予定日の6週間前から起算して出産日の当日までとなります。

　また、産後休業は出産日の翌日から起算して8週間ですが、6週間を経過するまでは、女性からの請求の有無にかかわらず、必ず休業させなければなりません。しかし、6週間を経過した後は、女性が就業したいと請求した場合に、医師が支障がないと認めた業務に就かせることが認められます。このように、産前休業と産後休業では性質が違いますから、就業規則などで「産前産後をあわせて14週間を産前産後の休業とする」と規定することはできません。なお、労働基準法でいう「出産」とは、妊娠4か月以上の分娩を意味するため、4か月以上であれば、流産、早産、死産、人工中絶も含まれます。

## ● 出産のための給付

　健康保険では、出産のために仕事を休んだ場合の賃金の補てんと出産費用の補助を行っています。賃金の補てんとしての給付を**出産手当金**、出産費用の補助としての給付を**出産育児一時金**といいます。

■ 産前休業と産後休業 ‥‥‥‥‥‥‥‥‥‥‥‥‥‥‥‥‥‥‥‥

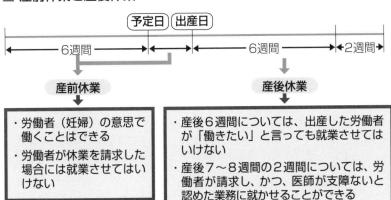

## ● 出産手当金とは

　被保険者が、出産のため休業することによって、賃金を得ることができなかった場合（または減額された場合）に勤務先の健康保険から支給されるのが出産手当金です。受給できる期間は、出産日以前（産前）42日（双児以上の妊娠は98日）から出産日後（産後）56日までの間です。出産日当日は産前に含まれます。出産手当金の支給額は、休業1日につき、支給開始日以前12か月の各月の標準報酬月額の平均を30日で除した額の3分の2相当額です。ただ、会社などから賃金の一部が支払われたときは、出産手当金と支払われた賃金との差額が支給されます。

　出産手当金の出産とは妊娠85日（4か月）以上の出産をいい、生産（早産）、死産（流産）、人工中絶も含みます。85日未満の出産に対しては給付されません。

　また、実際の出産が当初の予定日より遅れた場合は、実際に出産した日までの期間について出産手当金が支給されます。つまり、出産手当金の産前の支給期間が42日（双児以上の場合は98日）よりも延びることになります。逆に出産が予定日よりも早まったときは、すでに支給

### ■ 出産手当金と出産育児一時金 ……………………………………

|  | 出産手当金 | 出産育児一時金 |
|---|---|---|
| 内容 | 出産のため会社を休み、事業主から報酬が受けられないときに支給される手当 | 妊娠4か月以後（妊娠85日以後）に出産したときに支給される一時金 |
| 支給額 | 1日につき、支給開始日以前12か月の各月の標準報酬月額の平均額÷30日×3分の2 | 1児ごとに42万円（原則） |
| 取得手続き | 産前、産後別または産前産後一括してそれぞれの期間経過後に、事業所管轄の全国健康保険協会の都道府県支部または会社の健康保険組合に提出する | 出産から2年以内に事業所管轄の全国健康保険協会の都道府県支部または会社の健康保険組合に提出する |

された出産手当金について、産後の出産手当金である56日の一部を支給したものとみなします。予定よりも出産が早まった日数分は支給されません。なお、任意継続被保険者の場合、出産手当金は支給されません。

## ◉ 出産育児一時金とは

健康保険の被保険者またはその被扶養者である家族が妊娠4か月以後（妊娠85日以後）に出産したときに、一児につき42万円が支給されます（双児以上の場合は42万円×人数分）。

ただし、在胎週数が22週に達していない、産科医療補償制度（出産時の事故で重度の脳性麻痺児が生まれた場合の補償制度）に加入していない医療機関で出産した場合、支給額は40.4万円となります。

### ■ 出産手当金が支給される期間 ・・・・・・・・・・・・・・・・・・・・・・・・・・・・・

#### ● 予定日に出産、または予定日より前に出産した場合

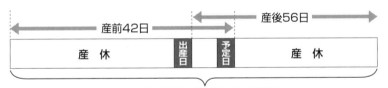

出産手当金が支給される期間
※出産予定日より出産が早まった場合、早まった分、産前期間が短くなる。

#### ● 予定日より遅れて出産した場合

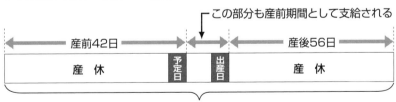

出産手当金が支給される期間

# 2 妊産婦の解雇や不利益な取扱いは禁じられている

妊娠出産を理由に不利益な取扱いをしてはならない

## ● どんな場合に解雇が制限されているのか

労働基準法19条では、女性労働者の産前産後の休業期間中と、休業期間終了後30日間は、原則として解雇できないと規定しています。

**産前産後の休業期間**とは、産前6週間（多胎妊娠の場合は14週間）および産後8週間です（205ページ）。ただし、産前6週間と産後6週間経過後の2週間において、本人の申し出によって勤務している期間については、上記の解雇制限の対象になりません。

さらに、男女雇用機会均等法9条では、就業規則等に、女性が婚姻し、妊娠し、または出産したことを退職理由とする規定を設けることを禁じている他、妊娠中および産後1年を経過しない女性労働者の解雇が無効であるとしています。ただし、妊娠中および産後1年を経過しない女性労働者をまったく解雇できないわけではなく、解雇の理由が婚姻、妊娠、出産、産前産後休業の取得ではないことを証明することができれば、解雇が有効と認められる余地があります。

## ● 不利益な取扱いにもいろんなケースがある

男女雇用機会均等法では、次のような事項を理由として、女性労働者に対し解雇その他の不利益な取扱いをすることを禁じています。

・妊娠したことおよび出産したこと

・妊娠中や出産後1年以内に、母子保健法に基づく保健指導や健康診査などを受けるための母性健康管理措置を求め、またはその措置を受けたこと

・就業制限がある坑内業務や危険有害業務に従事しないことを申し出

たこと、またはそれらの業務に従事しなかったこと

・産前休業を請求し、産前休業をしたこと、産後の就業制限により就業できなかったこと、または産後休業をしたこと

・軽易な業務への転換を請求したり、または転換したこと

・変形労働時間制、時間外労働、休日労働、深夜労働などをしないことを申し出たり、またはこれらの労働をしなかったこと

・育児時間の請求をしたり、または取得したこと

・つわりや妊娠中毒症などの妊娠・出産に起因する症状のために労働できなかったり、労働能率が低下したこと

　そして、厚生労働省が示す指針（労働者に対する性別を理由とする差別の禁止等に関する規定に定める事項に関し、事業主が適切に対処するための指針）の中では、「解雇その他の不利益な取扱い」の具体例として、次のようなものを挙げています。

・解雇すること

・期間を定めて雇用されている者の契約を更新しないこと

・あらかじめ更新回数の上限が決まっている者の更新回数を引き下げること

・正社員をパートやアルバイトなどの非正規社員にするような労働契約の変更を強要すること

・降格させること

・業務に従事させない、雑務しか命じないなど就業環境を害すること

・不利益な自宅待機を命じること

・減給をしたり、不利益な算定で賞与等を支給したりすること

・昇給や昇格の人事考課において不利益な評価をすること

・不利益な配置転換を行うこと

・派遣労働者に対して、派遣先が就労を拒むこと

## ● 妊娠・出産を理由にしたと判断されるケースとは

たとえば、産前産後休業を終えて復職した女性労働者に適切な業務を与えず、または雑務しかさせない場合や、産前産後休業の終了予定日を超えて休業するよう事業者が強制した場合などは、妊娠・出産を理由に不利益な取扱いをしたと判断される可能性があります。

もっとも、妊娠・出産を理由とする不利益な取扱いであるかどうかについては、労働者側と使用者側の双方が納得した取扱いであれば問題ありませんが、双方で見解が異なる場合もあります。たとえば、妊娠・出産した女性を解雇する場合であっても、客観的に見て合理的な解雇理由が提示されるのであれば、「妊娠・出産を理由とした不利益な取扱い」となりませんが、解雇理由について双方で争いがあれば、最終的には調停や訴訟などの場で判断を受ける必要があります。

そして、妊娠・出産を理由とした不利益な取扱いであると判断された使用者側は、直ちにそれを撤回・改善しなければなりません。

## ● 違反事実が公表される場合がある

厚生労働大臣は、男女雇用機会均等法の規定に関して必要がある場合は、事業主に対して報告を求め、助言、指導、勧告を行うことができます。また、妊娠・出産を理由とした不利益な取扱いなどをしている事業者に対して勧告を行ったにもかかわらず、事業者が従わなかった場合、厚生労働大臣は、勧告に従わなかった事実を公表することができます。さらに、厚生労働大臣が事業者に対して報告を求めたにもかかわらず、事業者が報告を怠り、または虚偽の報告をした場合は、20万円以下の過料が科せられます。

## ● トラブルになったらどうする

妊娠・出産を理由とした不利益な取扱いなどに関して労使間でトラブルが起こった場合は、都道府県労働局長に解決についての援助を求

めることができ、これを受けた都道府県労働局長は、紛争当事者に対して助言、指導、勧告ができます。さらに、個別労働関係紛争解決促進法が定める紛争調整委員会に調停を申請することもできます。申請は労使のいずれか一方からでもかまいません。そして、労働者が援助や調停の申請をしたとしても、使用者は、それを理由として解雇などの不利益な取扱いをしてはならないとされています。

## ◉ 賃金についての不利益な取扱いのケースとは

妊娠・出産に関係する女性労働者の賃金について、次のような取扱いが行われた場合は「不利益な取扱い」（男女雇用機会均等法9条）とされます。なお、産休取得を理由とする賃金の差別は、公序良俗（公の秩序や善良な風俗）に反して無効とした判例もあります。

・妊娠・出産の後、仕事内容や労働能率が変わっていないにもかかわらず賃金や賞与の額が減額された

・「月の半分以上を休業したので、その月の月給をまったく支払わない」など、妊娠・出産を理由に休業していた期間の分を超えて賃金

### ■ 禁止されている妊娠・出産を理由とした不利益な取扱い ………

| 不利益な取扱い | 労働の提供や仕事内容が低下していないにもかかわらず、賃金や賞与を減額する |
| --- | --- |
| | 休業した期間や仕事内容の低下を考慮した場合、病気などで休業したケースに比べて、産休の場合の賞与を減額すること |
| | 労働の提供や仕事内容が低下していないにもかかわらず、人事考課で評価を下げる |
| | 休業した期間や仕事内容の低下を考慮した場合、病気などで休業したケースに比べて、産休の場合の人事考課で評価を低くする |

が減額された

・賞与や退職金の支給額の算定において、休業期間や作業能率の低下などの点で著しく不利な評価をされた

## ● 妊娠・出産する労働者の人事や配置転換の取扱いについて

妊娠・出産に関係する女性労働者の人事考課について、次のような取扱いが行われた場合は、女性労働者に対する「不利益な取扱い」（男女雇用機会均等法9条）として法律違反となります。

・働くことができないなどの業務上の支障が起こっていないにもかかわらず、妊娠・出産をしたことを理由として、他の労働者よりも低い評価をする。

・休業や労働時間の減少などによる労働能率の低下が人事考課の対象となる場合に、他の病気等の理由で休業があった人よりも妊娠・出産によって休業をした女性労働者の評価を低くする。

特に妊娠・出産する女性労働者を、会社が配置転換するときには注意しなければなりません。通常の人事異動のルールとは異なり、妊娠や出産を理由とする配置転換をすることは違法行為となる恐れがあります。たとえば、女性労働者が業務を遂行できる能力があるにもかかわらず、妊娠や出産を理由として、賃金や労働条件が劣る配置転換を行うことは違法行為となります。また、女性労働者が出産後、職場に復帰するとき、それまで携わってきた業務から外すことも、女性労働者に対する不利益な取扱いとなります。

その一方で、企業は妊娠中の女性労働者から請求があった場合、その女性労働者を他の軽微な業務に転換させたり、勤務時間を変更したりしなければなりません。企業は、女性労働者が妊娠や出産に合わせた働き方ができるように勤務体制を整える必要があるのです。

# 3 産前産後休業の社会保険料免除について

事業主の負担分も免除になる

## ● 産前産後休業期間中の保険料が免除される

　女性の労働者が出産をする場合、産前産後休業を取得することになりますが、産前産後休業期間中の保険料の納付が免除されます。

【申請手続き】

　被保険者からの申し出により事業主が**健康保険・厚生年金保険産前産後休業取得者申出書**（次ページ）を産前産後休業が終了する前に提出します。健康保険組合に加入している場合は、健康保険組合に、それ以外の場合は日本年金機構に提出します。実際に保険料が免除されるのは、産前産後休業が開始された月から終了予定日の翌日の月の前月までとなっています。社会保険特有のわかりにくい表現ですので具体例で見ていきましょう。出産予定日が6月30日だとすると、5月20日から産前休業を取得することが可能なので、ここでは5月20日から取得したものとします。産後休業は8月25日まで取得します。8月25日の翌日8月26日の前月は7月となりますので、この場合、5月から7月分の保険料が本人分、会社負担分ともに免除されます。また「終了予定日の翌日の月の前月」となっているので注意が必要です。たとえば終了予定日が8月31日の場合、8月31日の前の月の7月ではなく、翌日の9月1日の前の月、8月までが対象になります。なお、添付書類はありません。

【ポイント】

　産前産後休業期間に変更があった場合や産前産後休業終了予定日前に産前産後休業を終了した場合には、変更を届け出る必要があります。

## 書式 健康保険・厚生年金保険産前産後休業取得者申出書

| 様式コード | | 健康保険 | 産前産後休業取得者 |
|---|---|---|---|
| 2 2 7 3 | | 厚生年金保険 | 申出書/変更（終了）届 |

令和 **3** 年 **5** 月 **23** 日提出

**提出者記入欄**

| 事業所整理記号 | **0 1 - イ ロ ハ** | | 受付印 |
|---|---|---|---|
| 事業所所在地 | 届書記入の個人番号に誤りがないことを確認しました。<br>〒145 - 0001<br>**東京都大田区蒲田1－2－3** | | |
| 事業所名称 | **東西ソフトウェア株式会社** | 社会保険労務士記載欄 | |
| 事業主氏名 | 代表取締役　**東田 三郎** | 氏名等 | |
| 電話番号 | **03（ 3721 ）0123** | | |

新規申出の場合は共通記載欄に必要項目を記入してください。

変更・終了の場合は、共通記載欄に産前産後休業取得時に提出いただいた内容を記入のうえ、A.変更・B.終了の必要項目を記入してください。

**共通記載欄（取得申出）**

| ① 被保険者整理番号 | **7** | ② 個人番号[基礎年金番号] | **2 1 4 5 1 2 3 4 5 6** | | |
|---|---|---|---|---|---|
| ③ 被保険者氏名 | （フリガナ）コウノ（氏）**甲野** （ハナコ）（名）**花子** | ④ 被保険者生年月日 | 5.昭和 7.平成 9.令和 **5 7 1 0 1 7** | | |
| ⑤ 出産予定年月日 | 9.令和 **0 3 0 6 0 5** | ⑥ 出産種別 | ⓪ 単胎 1.多胎 | | |
| ⑦ 産前産後休業開始年月日 | 9.令和 **0 3 0 4 2 5** | ⑧ 産前産後休業終了予定年月日 | 9.令和 **0 3 0 7 3 1** | | |

以下の⑨～⑩は、この申出書を出産後に提出する場合のみ記入してください。

| ⑨ 出生児の氏名 | （フリガナ）（氏）（名） | ⑩ 出産年月日 | 9.令和 | | |
|---|---|---|---|---|---|
| | 備考 | | | | |

出産（予定）日・産前産後休業終了（予定）日を変更する場合 ※必ず共通記載欄も記入してください。

**A.変更**

| ⑪ 変更後の出産（予定）年月日 | 9.令和 | ⑫ 変更後の出産種別 | 0. 単胎 1.多胎 |
|---|---|---|---|
| ⑬ 産前産後休業開始年月日 | 9.令和 | ⑭ 産前産後休業終了予定年月日 | 9.令和 |

予定より早く産前産後休業を終了した場合 ※必ず共通記載欄も記入してください。

**B.終了**

| ⑮ 産前産後休業終了年月日 | 9.令和 |
|---|---|

○ 産前産後休業期間とは、出産日以前42日（多胎妊娠の場合は98日）～出産日後56日の間に、妊娠または出産を理由として労務に従事しない期間のことです。

○ この申出書を出産予定日より前に提出された場合で、実際の出産日が予定日と異なった場合は、再度「産前産後休業取得者変更届」（当届書の「共通記載欄」と「A.変更」欄に記入）を提出してください。休業期間の基準日である出産年月日がずれることで、開始・終了年月日が変更になります。

○ 産前産後休業取得申出時に記載した終了予定年月日より早く産休を終了した場合は、「産前産後休業終了届」（当届書の「共通記載欄」と「B.終了」欄に記入）を提出してください。

○ 保険料が免除となるのは、産前産後休業開始日の属する月分から、終了日翌日の属する月の前月分までとなります。

# 産前産後休業の終了後に賃金が低下した場合の社会保険の届出

産休明けの賃金の減額により社会保険料も減額される

## ● 産前産後休業終了時報酬月額変更届を提出する

　産前産後休業後すぐに職場復帰しても、すぐには以前と同じようには働けないことがあります。労働日数を減らしたり労働時間を短縮して勤務した場合は、一般的に賃金も減額されます。通常であれば賃金が減額となっても、3か月間の平均で標準報酬月額が2等級以上の差がないと社会保険料は改定されません。しかしそれでは産前産後休業を取得した労働者に大きな負担となってしまいます。そこで産前産後休業を終了して復職し、賃金が下がった場合には、3か月の賃金の平均の標準報酬月額が従前の標準報酬月額と比較して、1等級以上の差が生じる場合には、4か月目から標準報酬月額が改定されます。ただし、産前産後休業終了日の翌日の属する月以後3か月で少なくても1か月は賃金の支払の基礎となる日数が17日以上あることが必要です。たとえば8月31日に産前産後休業が終了した場合は、その翌日9月1日の属する月から3か月、つまり9月10月11月のうちいずれかは、17日以上の出勤日または有給休暇などの賃金の計算の対象となる日がなければなりません。

【申請手続き】

　事業主は年金事務所に**健康保険・厚生年金保険産前産後休業終了時報酬月額変更届**（次ページ）を提出します。

【添付書類】

　添付書類はありません。

【ポイント】

　産前産後休業取得後に育児休業を取得する場合は対象外となります。

| 様式コード | 健康保険<br>厚生年金保険 | 産前産後休業終了時報酬月額変更届 |
|---|---|---|
| 2 2 3 | 厚生年金保険 | 70歳以上被用者産前産後休業終了時報酬月額相当額変更届 |

令和 3 年 11 月 5 日提出

| 提出者記入欄 | 事業所<br>整理記号 | 0 1 － イロハ | | 受付印 |
|---|---|---|---|---|
| | | 届書記入の個人番号に誤りがないことを確認しました。 | | |
| | 事業所<br>所在地 | 〒145-0001<br>東京都大田区蒲田1-2-3 | | |
| | 事業所<br>名　称 | 東西ソフトウェア株式会社 | 社会保険労務士記載欄 | |
| | 事業主<br>氏　名 | 代表取締役　東田　三郎 | 氏　名　等 | |
| | 電話番号 | 03 （ 3721 ）0123 | | |

| 申出者欄 | □ 産前産後休業を終了した際の標準報酬月額の改定について申出します。<br>（健康保険法施行規則第38条の3及び厚生年金保険法施行規則第10条の2）<br>※必ず□に✔を付けてください。 | 令和 3 年 11 月 4 日 |
|---|---|---|
| | 日本年金機構理事長あて | |
| | 住所 〒111-2345 東京都大田区西雪谷2-3-6 | |
| | 氏名　　甲野　花子 | 電話 03 （3786）0123 |

| 被保険者欄 | ① 被保険者<br>整理番号 | 7 | ② 個人番号<br>[基礎年金番号] | 2 1 4 5 1 2 3 4 5 6 | | | |
|---|---|---|---|---|---|---|---|
| | ③ (フリガナ) コウノ　　ハナコ<br>被保険者<br>氏　名 | 甲野　花子 | ④ 被保険者<br>生年月日 | 5.昭和<br>7.平成<br>9.令和 | 年 月 日<br>5 7 1 0 1 7 | | |
| | ⑤ (フリガナ) コウノ　　イチロウ<br>子　の<br>氏　名 | 甲野　一郎 | ⑥ 子の<br>生年月日 | 9.令和 | 年 月 日<br>0 3 0 6 0 5 | ⑦ 産前産後休業<br>終了年月日 | 9.令和 年 月 日<br>0 3 0 7 3 1 |

| | | 支給月 | 給与計算の<br>基礎日数 | ⑨ 通貨 | ⑩ 現物 | ⑪ 合計 | | | |
|---|---|---|---|---|---|---|---|---|---|
| 被保険者欄 | ⑧<br>給与<br>支給月<br>及び<br>報酬月額 | 8 月 | 0 日 | 0 円 | 0 円 | 0 円 | 総計 | 5 0 0 0 0 0 | |
| | | 9 月 | 31 日 | 260,000 円 | 0 円 | 260,000 円 | ⑩<br>平均額 | 2 5 0 0 0 0 | |
| | | 10 月 | 30 日 | 240,000 円 | 0 円 | 240,000 円 | ⑪<br>修正平均額 | | |
| | ⑫ 従前標準<br>報酬月額 | 健<br>280 千円 | 厚<br>280 千円 | ⑬ 昇給<br>降給 | 1. 昇給　2. 降給<br>月 | ⑭ 遡及<br>支払額 | 遡及支払額<br>月<br>円 | ⑮<br>改定年月 | 3 年 11 月 |
| | ⑯ 給　与<br>締切日<br>支払日 | 締切日<br>月末<br>日 | 支払日<br>翌月<br>15日<br>日 | ⑰ 備考 | 該当する項目を○で囲んでください。<br>1. 70歳以上被用者　2. 二以上勤務被保険者　3. 短時間労働者　4. パート　5. その他（　）<br>(特定適用事業所等) | | | | |
| | ⑱ 月変該当<br>の確認 | 産前産後休業を終了した日の翌日に引き続いて<br>育児休業等を開始していませんか。 | 該当する場合はチェックしてください<br>✔ 開始していません | ※ 産前産後休業を終了した日の翌日に引き続いて<br>育児休業等を開始した場合は、この申出はできません。 | | | | | |

○ 産前産後休業終了時報酬月額変更届とは
　産前産後休業終了日に当該産前産後休業に係る子を養育している被保険者は、一定の条件を満たす場合、随時改定に該当しなくても、産前産後休業 終了日の翌日が属する月以後3カ月間に受けた報酬の平均額に基づき、4カ月目の標準報酬月額から改定することができます。 ただし、産前産後休業を終了した日の翌日に引き続いて育児休業等を開始した場合は、この申出はできません。

○ 変更後の標準報酬月額が以前より下がった方へ
　3歳未満の子を養育している被保険者または被保険者であった者で、養育期間中の各月の標準報酬月額が、養育開始月の前月の標準報酬月額を下回る場合、「養育期間の従前標準報酬月額みなし措置」という制度をご利用いただけます。この申出をいただきますと、将来の年金額の計算時には養育期間以前の従前標準報酬月額を用いることができますので、「産前産後休業終了時報酬月額変更届」とあわせて、「養育期間標準報酬月額特例申出書」を提出してください。

# 5 被保険者が出産のため休業して給料がでない場合

出産のため休業した場合には手当金の給付がある

## ◉ 標準報酬日額の3分の2相当額が出産手当金として支給される

　出産のために仕事を休んだ場合の賃金の補てんとしての給付を出産手当金といいます。労働基準法では、労働者が出産をするにあたって、産前産後の一定期間、労働をさせることを禁じています。ただ、この期間中の賃金を支払うかどうかについての規定は特になく、会社側の裁量に任されています。中にはこの期間中、賃金がまったく得られず、生活が不安定になる労働者もいることから、この制度が設けられています。被保険者が出産のため会社を休み、給料（報酬）を受けられないときは、出産日（出産予定日より遅れた場合は予定日）以前42日（多胎妊娠のときは98日）から出産日後56日までの期間、欠勤1日につき標準報酬日額の3分の2が支給されます。

　なお、出産手当金を受けられる日ごとにその翌日から起算して2年で時効となり、請求権がなくなります。

【請求手続き】

　出産手当金の請求手続きについては、産前、産後別または産前産後一括してそれぞれの期間経過後に、事業所管轄の全国健康保険協会の都道府県支部または会社の健康保険組合に**健康保険出産手当金支給申請書**（次ページ）を提出します。出産手当金を受けられる日ごとにその翌日から起算して2年で時効となり、請求権がなくなります。

　出産手当金支給申請書について、事業主は支給申請書の3枚目「事業主記入用」に、被保険者の勤務状況や、出産手当金を請求する労働者に支給した賃金支給状況の内訳を記載することになります。

# 健康保険 **出産手当金** 支給申請書

**1** 2 3　被保険者記入用　㊣

記入方法および添付書類等については、「健康保険 出産手当金 支給申請書 記入の手引き」をご確認ください。

申請書は、楷書で枠内に丁寧にご記入ください。　記入見本 `0 1 2 3 4 5 6 7 8 9 ア イ ウ`

## 被保険者情報

| 被保険者証の (左づめ) | 記号 | 番号 | 生年月日 | 年 | 月 | 日 |
|---|---|---|---|---|---|---|
| | `7 1 0 1 0 2 0 3` | `1 2` | 1. 昭和 2. 平成 3. 令和　`1` | `5 3` | `1 0` | `1 0` |

**氏名・印**　(フリガナ) ミナミカワ ヨウコ
**南川　洋子**　㊞　自署の場合は押印を省略できます。

**住所**　〒 `1 4 5 0 0 0 3`　**東京**（都）道府県

**電話番号**(日中の連絡先)※ハイフン除く　TEL `0 3 3 7 2 0 2 4 5 6`　**大田区池上東2-2-2**

## 振込先指定口座

**金融機関名称**　**東西**　（銀行）金庫 信組／農協 漁協／その他（　）　**池上**　本店 （支店）／代理店 出張所 本店営業部／本所 支所

**預金種別**　`1`　1. 普通 3. 別段 2. 当座 4. 通知　**口座番号** `1 1 2 2 3 3 3`　左づめでご記入ください。

**口座名義**　▼カタカナ（姓と名の間は1マス空けてご記入ください。濁点（゛）、半濁点（゜）は1字としてご記入ください。）
`ミ ナ ミ カ ワ 　 ヨ ウ コ`

**口座名義の区分**　`1`　1. 被保険者 2. 代理人

「2」の場合は必ず記入・押印ください。（押印省略不可）

## 受取代理人の欄

本申請に基づく給付金に関する受領を下記の代理人に委任します。

**被保険者**　氏名・印　㊞　　1. 平成 2. 令和　年 月 日
住所 「被保険者情報」の住所と同じ

**代理人**(口座名義人)　〒　　TEL（ハイフン除く）
住所
(フリガナ)　㊞
氏名・印　㊞　　**被保険者との関係**

**「被保険者・医師・助産師記入用」は2ページに続きます。** 》》》

被保険者のマイナンバー記載欄
（被保険者証の記号番号を記入した場合は記入不要です）▶ ［　　　　　　　］
マイナンバーを記入した場合は、必ず本人確認書類を添付してください。

(2019. 5)
受付日付欄

社会保険労務士の提出代行者名記載欄　㊞

| 様式番号 | | | | | | 協会使用欄 | | | | | |
|---|---|---|---|---|---|---|---|---|---|---|---|
| `6 1 1 1 6 9` | | | | | | `1` | | | | | |

Ⓨ **全国健康保険協会**
協会けんぽ

(1/3)

## 健康保険 出産手当金 支給申請書

**1 2 3** 被保険者・医師・助産師記入用

| 被保険者氏名 | 南川　洋子 |

---

**申請内容**

① 今回の出産手当金の申請は、出産前の申請ですか、それとも出産後の申請ですか。

[2] 1.出産前の申請　2.出産後の申請

② 上記で「出産前の申請」の場合は、出産予定日をご記入ください。「出産後の申請」の場合は、出産日と出産予定日をご記入ください。

出産予定日 [2] 1.平成 2.令和 [0 3 0 7 2 0]

出産日 [2] 1.平成 2.令和 [0 3 0 7 1 5]

③ 出産のため休んだ期間（申請期間）

[2] 1.平成 2.令和 [0 3 0 6 2 1] から
[2] 1.平成 2.令和 [0 3 0 9 0 9] まで　[8 1] 日間

④ 上記の出産のため休んだ期間（申請期間）の報酬を受けましたか。または今後受けられますか。

[2] 1.はい　2.いいえ

⑤ 上記で「はい」と答えた場合、その報酬の額と、その報酬支払の基礎となった（なる）期間をご記入ください。

[　] 1.平成 2.令和 [　　　　　　] から
[　] 1.平成 2.令和 [　　　　　　] まで
[　　　　　　　] 円

---

**医師・助産師記入欄**

| 出産者氏名 | 南川　洋子 |

出産予定年月日 [2] 1.平成 2.令和 [0 3 0 7 2 0]　　出産年月日 [2] 1.平成 2.令和 [0 3 0 7 1 5]

出生児の数 [1] 1.単胎 2.多胎 →（ ）児　　生産または死産の別 [1] 1.生産 2.死産 →（妊娠 [　　] 週）

上記のとおり相違ないことを証明する。

医療施設の所在地 〒143-0003 東京都大田区大森2-4-5

医療施設の名称 大田病院

[2] 1.平成 2.令和 [0 3 0 9 1 8]

医師・助産師の氏名 大田　花子　㊞　電話番号 ※ハイフン除く [0 3 3 7 4 5 6 7 8 9]

**「事業主記入用」は3ページに続きます。** 》》》

様式番号 [6 1 1 2 6 8]

全国健康保険協会
協会けんぽ

(2/3)

# 健康保険 出産手当金 支給申請書

事業主記入用

労務に服さなかった期間を含む賃金計算期間の勤務状況および賃金支払状況等をご記入ください。

**事業主が証明するところ**

被保険者氏名　**南川　洋子**

勤務状況　【出勤は○】で、【有給は△】で、【公休は公】で、【欠勤は／】でそれぞれ表示してください。

| 1.平成 2.令和 | 年 | 月 | | | | | | | | | | | | | | | | | | | 計 | 出勤 | 有給 |
|---|---|---|---|---|---|---|---|---|---|---|---|---|---|---|---|---|---|---|---|---|---|---|---|
| 2 | 0 3 | 0 6 | 1／16 | 2／17 | 3／18 | 4／19 | 5／20 | 6公 | 7公 | 8／ | 9／ | 10／ | 11公 | 12公 | 13公 | 14公 | 15／ 31 | | | | 0 日 | 0 日 |
| 2 | 0 3 | 0 7 | 1／ | 2／ | 3／ | 4／ | 5公 | 6公 | 7／ | 8／ | 9／ | 10／ | 11／ | 12／ | 13公 | 14公 | 15／ | | | | 0 日 | 0 日 |
| 2 | 0 3 | 0 8 | 1／ | 2公 | 3公 | 4／ | 5／ | 6／ | 7／ | 8／ | 9／ | 10／ | 11／ | 12公 | 13公 | 14／ | 15公 | | | | 0 日 | 0 日 |
| 2 | 0 3 | 0 9 | 16⃝ | 17⃝ | 18⃝ | 19⃝ | 20公 | 21 | 22 | 23 | 24⚠ | 25⚠ | 26⚠ | 27 | 28 | 29公 | 30公 31 | | | | 0 4 日 | 0 3 日 |
| | | | 16 | 17 | 18 | 19 | 20 | 21 | 22 | 23 | 24 | 25 | 26 | 27 | 28 | 29 | 30 31 | | | | 日 | 日 |

| 上記の期間に対して、賃金を支給しました（します）か？ | ☑はい ☐いいえ | 給与の種類 | ☑月給 ☐日給 ☐日給月給 ☐時間給 ☐歩合給 ☐その他 | 賃金計算 | 締日 | 2 0 日 |
|---|---|---|---|---|---|---|
| | | | | | 支払日 | 1 1.当月 2.翌月　2 5 日 |

上記の期間を含む賃金計算期間の賃金支給状況をご記入ください。

| 区分 ＼ 期間 | 単価 | 0 6 月 2 1 日～ 0 7 月 2 0 日分 支給額 | 0 7 月 2 1 日～ 0 8 月 2 0 日分 支給額 | 0 8 月 2 1 日～ 0 9 月 2 0 日分 支給額 |
|---|---|---|---|---|
| 基本給 | 2 1 0 0 0 0 | 0 | 0 | 7 0 0 0 0 |
| 通勤手当 | 1 9 5 0 0 | 0 | 0 | 4 2 0 0 |
| 手当 | | | | |
| 手当 | | | | |
| 手当 | | | | |
| 手当 | | | | |
| 現物給与 | | | | |
| 合計 | | | | |

**支給した（する）賃金内訳**

賃金計算方法（欠勤控除計算方法等）についてご記入ください。

基本給計算方法　　210,000÷21×7日＝70,000円

通勤手当計算方法　1日通勤手当 1,050円　1,050×4＝4,200円

| 担当者 氏名 | 山梨　有美 |
|---|---|

上記のとおり相違ないことを証明します。

| | 年 月 日 |
|---|---|
| 事業所所在地　〒141-0000　東京都品川区五反田1-2-3 | 2 1.平成 2.令和 0 3 0 9 2 9 |

事業所名称　**株式会社　緑商会**

事業主氏名　**代表取締役　鈴木　太郎**　　㊞

電話番号 ※ハイフン除く　0 3 3 3 2 1 1 1 2 3

様式番号

6 1 1 3 6 7

# 6 育児休業とはどんな制度なのか

労働者が子を養育するためにする休業制度のこと

## ● どんな制度なのか

　近年は育児に積極的に参加する「イクメン」と呼ばれる男性が注目を集めています。また、夫婦共働き世帯が増える中、出産後に子育てをしながら自分のキャリアを維持するためにも働き続けたいという女性はたくさんいます。しかし、依然として、育児をしながら働くことには多くの障害があり、あきらめざるを得ない人が多いのも事実です。

　少子化が進む中、育児をしながら働く人が生活と仕事を両立させることができるようにするためのしくみのひとつが、育児・介護休業法で規定されている**育児休業制度**です。

　育児休業期間中、労働者は労務提供義務が免除され、事業主（使用者）はその期間の賃金支払義務が原則として免除されます。育児休業期間中は、雇用保険の「育児休業給付金」により、育児休業開始時賃金月額の50％（休業開始から180日間は67％）が支給されます。なお、産前産後休業期間中は、1日あたり「標準報酬月額の平均額÷30×3分の2」相当額の出産手当金が支給されます。

## ● どんな人が対象なのか

　育児休業制度は、労働者の権利として認められているので、原則として1歳未満の子どもを養育している労働者は、男女を問わず、事業主に申し出ることにより育児休業をすることができます。育児休業の期間は、特別な事情がある場合には、子が1歳6か月あるいは2歳まで延長できる場合があります（226ページ）。

　育児・介護休業法6条は「事業主は、…育児休業申出を拒むことが

できない」と規定しています。つまり、育児・介護休業法に定められている要件を満たす労働者は、この法律をよりどころとして、雇用関係を維持しながら育児休業ができるというわけです。

　育児休業は、正社員などの無期雇用者（期間を定めずに雇用契約をしている者）だけでなく、以下の要件をすべて満たすパートなどの期間雇用者（期間を定めて雇用契約をしている者）も取得できます。

・雇用期間が継続して1年以上であること
・養育する子どもが1歳6か月に達する日までに、労働契約（労働契約が更新される場合は更新後の労働契約）が満了することが明らかでないこと

## ● 育児休業を与えなくてもよい場合もある

　育児休業の制度は、すべての労働者に適用されるわけではありません。適用除外になる場合には、そもそも育児・介護休業法によって適用除外となる場合と、事業主と過半数組合（過半数組合がない場合は過半数代表者）との間で取り交わす労使協定（育児休業の取得が認められない労働者について定める協定）によって適用除外となる場合があります。

　まず、育児・介護休業法によって適用除外となる労働者は、日々雇用される者（日雇労働者）と、期間雇用者のうち上記の要件を満たしていない者です。

　次に、労使協定によって育児休業を取得できる労働者から除外できるのは、下記にいずれかにあてはまる労働者です。特に①は入社して間もない無期雇用者を想定したものです。

① 　雇用期間が継続して1年未満の者
② 　原則として、休業の申し出の日から1年以内に雇用関係が終了することが明らかな者
③ 　1週間の所定労働日数が2日以下の者

## ● 育児休業の大きな改正が行われた

　育児休業は、女性に限らず男性も取得することができます。しか
し、男性の取得はまだまだ少ないというのが現状です。厚生労働省が
発表している「令和２年度雇用均等基本調査」の結果では、女性の育
児休業取得者の割合は81.6％に対して、男性の育児休業取得者の割合
は12.65％となっています。男性の育児休業取得者は、令和元年度の
7.48％から比べると大幅に取得割合が増えているものの、積極的な取
得にまで至っていないのが現状です。

　そこで、さらなる育児休業の取得を促進するための法改正が行われ
ました。具体的な内容は次のようなものです。

① 　**男性の育児休業取得促進に向けた、子の出生直後の時期における**
　**柔軟な育児休業の取得の枠組み創設**

　女性の場合、労働基準法では産後8週間の間は産後休業を取らせな
ければなりません。それに倣って、男性も任意で出生直後の８週間以
内に４週間まで取得できる新たな枠組みが創設されます。そのため、
「男性版産休」とも呼ばれます。

　実際、これまでも男性が育児休業を取得する時期は、妻の出産後と
いうのが多くを占めていました。その時期により柔軟に取得しやすく
することがねらいです。そのため、休業の申し出は通常の１か月前か
ら２週間前に短縮されたり、取得できる回数が１回と制限されていま
したが２回に分割して取得も可能となります。さらに、育児休業期間
中であっても、労使協定を締結し、労働者と事業主の合意した範囲内
で休業中に就業することも可能な制度設計となっています。具体的に
は、休業期間中の労働日・所定労働時間の半分まで就業が可能になる
ようです。

　また、この枠組みの創設に合わせて育児休業給付を適切に行われる
ように雇用保険法の改正も同時に行われます。

　これらの措置は、令和４年10月１日から施行予定です。

② 育児休業を取得しやすい雇用環境整備・妊娠や出産の申し出をした労働者に対する個別周知、意向確認措置の義務付け

　まず、育児休業を取得しやすい雇用環境整備の措置が事業主に義務付けられます。具体的な措置については、研修や相談窓口などの複数の選択肢から選択することが求められます。

　次に、労働者又は配偶者が妊娠や出産した旨の申し出をした際には、育児休業制度を個別周知することは努力義務に留まっていましたが、取得意向を確認するための措置が義務付けられます。具体的には、面談での制度説明、書面による制度の情報提供が考えられます。なお、面談時に「育児休業をとってもらうと職場の仕事が滞る」などのように取得を控えさせるような言動によって周知する方法や意向確認は認められません。

　これらの措置は、令和4年4月1日から義務付けられます。

③ 育児休業の分割取得

　これまで、育児休業の申し出は1人の子につき1回で、申し出ることのできる休業は連続した1まとまりの期間の休業でした。法改正によって、2回まで分割して取得することが可能になります（次ページ図）。たとえば、共働き世帯では、育児休業を取得していた妻が一度職場に復帰し、再度、育児休業を取ることが可能で、妻の職場復帰期間については、夫が育児休業を取得するなど、家庭の事情で会社でのキャリアプランをあきらめずに、ワークライフバランスを保つことができます。

　また、1歳以降に延長した場合（226ページ）の育休開始日が各期間（1歳から1歳6か月まで、1歳6か月から2歳まで）の初日に限定されているため、各期間開始時点でしか夫婦が交代して育児休業を取得することはできませんでした。今後は、開始日を柔軟にすることで各期間途中でも夫婦交代が可能となります。

　育児休業の分割取得に合わせて育児休業給付を適切に行われるよう

に雇用保険法の改正も同時に行われます。

これらの措置は、令和4年10月1日から施行予定です。

④　育児休業取得状況の公表

常時使用する労働者（有期契約社員、パート社員を含む）が1000人超えの事業主に対して、育児休業の取得状況について公表が義務付けられます。公表は、令和5年4月1日から義務付けられます。

⑤　有期雇用労働者の育児・介護休業取得要件の緩和

これまで、育児・介護休業を取得できる労働者は、「事業主に引き続き雇用された期間が1年以上である者」という要件がありました。法改正によって、この要件が廃止されます。なお、労使協定を締結して、雇用された期間が1年未満である労働者を対象から除外することは引き続き可能になっています。


■ 改正後の育児休業イメージ ……………………………………………

● 保育園に入所できない等の場合

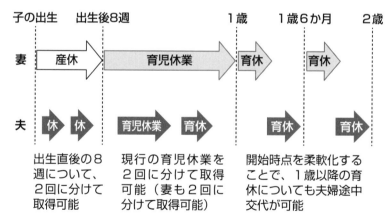

**Q** 育児休業はどの程度の期間取得できるのでしょうか。延長はできないのでしょうか。

**A** 「育児休業」とはいうものの、育児期間のいつでも取得できるわけではなく、育児・介護休業法に基づく育児休業の期間は、原則として、出生から「子どもが1歳に達する日（1歳の誕生日の前日）まで」の1年です。

男性の場合には、上記の原則が適用され、出生した日から1年ということになります。一方、女性の場合には、労働基準法に基づき出産後8週間の「産後休業」の取得が認められていますので、産後休業の終了後（終了日の翌日）から育児休業をすることになります。

育児・介護休業法は、子どもが1歳に達した後の時期についても、次のような特別な事情がある場合には、事業主に申し出ることによって、子どもが1歳6か月に達するまでを限度に、さらに子供が1年6か月に達した時点でまだ特別な事情が解消されない場合には、2歳に達するまでを限度に、育児休業を延長することを認めています。

① 保育所等（保育所、認定こども園、家庭的保育事業等のことで、認可外保育施設は含まない）への入所を希望して申込みをしているにもかかわらず、保育所等に入所できない場合

② 1歳以降（2歳までの延長の場合は1歳6か月以降）の子どもを養育する予定であった配偶者が、死亡、負傷、心身の障害、離婚その他の理由による別居などの事情により、その子どもを養育することが困難となった場合

いずれの場合であっても、1歳6か月または2歳までの育児休業の延長が認められるためには、子どもの1歳の誕生日の前日または1歳6か月の誕生日の前日の時点で、母親・父親のどちらか一方が育児休業中であることが必要です。

## ●父母ともに育児休業をしたい場合は1歳2か月まで延長できる

　男性による育児休業の取得をより促すために認められているのがパパ・ママ育休プラス制度です。

　パパ・ママ育休プラス制度とは、子どもの母親と父親がともに育児休業をとる場合に、特例として育児休業の対象となる子どもの年齢を原則の「1歳に達する日まで」から「1歳2か月に達する日まで」に延長する制度です。ただし、母親・父親のそれぞれが取得できる育児休業期間の上限は、原則として1年間です。保育所に入所できないといった特別の事情がある場合に限り、子が2歳に達する日まで取得できます。

　つまり、育児休業をする本人にとっては育児休業の期間はこれまでと同じですが、子ども（赤ちゃん）の立場から考えると、母親と父親がそれぞれの育児休業の取得の仕方を工夫することにより、これまでより2か月長い1歳2か月まで、家庭での養育を受けられることになるというわけです。

　パパ・ママ育休プラス制度の特例を受けるためには、次の要件をすべて満たさなければなりません。

① 　配偶者が子どもの1歳到達日（1歳の誕生日の前日）以前のいずれかの日において育児休業をしていること
② 　本人の育児休業開始予定日を、子どもの1歳到達日の翌日（1歳の誕生日）より後としていないこと
③ 　本人の育児休業開始予定日を、配偶者がしている育児休業の初日より前としていないこと

　ただ、上記①〜③の要件を満たした場合でも、母親と父親のそれぞれの育児休業期間が1年に達してしまったときは、子どもが1歳2か月に到達する前でも、育児休業期間は終了することになります。

**Q** 育児休業とは別に看護休暇という制度があるようですが、どのようなものなのでしょうか。

**A** **看護休暇**は小学校就学前の子を養育する労働者が、病気やケガをした子の看護のために休暇を取得することができる制度です。育児・介護休業法は、会社（事業主）に対して看護休暇の付与を義務化しています。看護休暇を取得できるのは、小学校就学前の子を養育する従業員です。該当する従業員は、病気やケガをした子の世話をする場合、会社に申し出ることで看護休暇を取得できます。ただし、会社に引き続き雇用された期間が6か月に満たない従業員や週の所定労働日数が2日以下の従業員については、労使協定の締結により看護休暇の対象外とすることができます。

看護休暇は、年次有給休暇とは別に1年間につき5日間（子が2人以上の場合は10日）を限度として取得することができます。看護休暇を取得できる単位は1日か半日でしたが、令和3年1月1日からは時間単位での取得が可能となりました。なお、時間単位での取得の場合、法令では中抜け（就業時間の途中から時間単位休暇を取得して、就業時間の途中に再び戻ること）までを求めているわけではありません。

看護休暇を申請できる労働者が請求した場合、事業主は、原則として深夜業に就かせることはできません。また、時間外労働も1か月24時間、1年150時間以内に制限されます。

看護休暇を有給とするか無給とするかは労使協定や就業規則などの定めによります。

看護休暇を有給とするか無給とするかは労使協定や就業規則などの定めによります。また、労働者が休業した期間は年次有給休暇の出勤率を計算する際に除外することが適当とされています。

# 7 育児休業の申し出について 知っておこう

事業主の負担が過度にならないように配慮されている

## ● いつまでに申し出をすればよいのか

　育児休業の申し出は１人の子につき１回で、申し出ることのできる休業は連続した１まとまりの期間の休業です。なお、今後の法改正により育児休業を分割して２回まで申請が可能となります（224ページ）。１歳までの育児休業の場合、原則として育児休業開始日の１か月前までに申し出なければなりません。ただし、育児休業をすぐ取得しなければならない以下のような「特別の事情」が生じた場合には、１週間前に申し出ることにより、育児休業を取得することが可能となります。

① 出産予定日前に子どもが生まれたとき

② 配偶者が亡くなったとき

③ 配偶者が病気、ケガにより養育が困難になったとき

④ 配偶者が子どもと同居しなくなったとき

⑤ 子どもが負傷、心身の障害により２週間以上の世話を必要とするようになったとき

⑥ 保育所に入所申請をしたが当面入所できないとき

## ● 申し出る際の必須事項について

　育児休業を取得するときは、最低限として、申し出の年月日、労働者の氏名、子の氏名・生年月日・労働者との続柄（子がまだ生まれていないときは、その子の出産者の氏名・出産予定日・労働者との続柄）、休業開始の予定日、休業終了の予定日を事業主に申し出なければなりません（必須事項）。

## ◉ 申し出が遅れた場合

　前述した「特別の事情」がなくても労働者側の事情により、突然に休業を余儀なくされ、直前になって休業の申し出を行う場合も少なくないと予想されます。

　そのため、1か月前よりも遅れて申し出が行われた場合にも、育児休業を取得できるしくみが用意されています。しかし、事業主が代替要員の確保などの対応を行うための準備期間が考慮されて、申し出の日（下の例では10月1日）の属する月の翌月の応当日（下の例では11月1日）までの間で、事業主は休業開始日を指定できます。

　もっとも、事業主は、原則として、申し出があった日から3日後（下の例では10月4日）までに、労働者に対して、休業開始日を指定した書面を交付しなければなりません。

## ◉ 1歳6か月または2歳まで延長する場合

　前述したように、保育所の入所を希望して申込みをしているのに入所できない場合や、配偶者が死亡、負傷、別居などの事情により養育

■ 申し出の遅延と育児休業開始日の指定 ……………………………

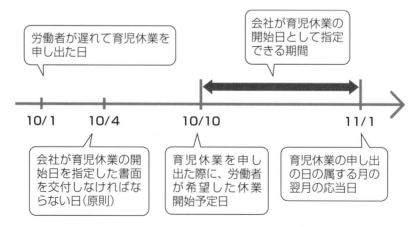

するのが難しくなった場合など「特別の事情」がある場合には、子どもが1歳6か月に達する日まで、その日までに事情が解消されない場合は2歳に達する日まで、育児休業を延長することができます。

そして、労働者が育児休業の延長をするには、それぞれの休業開始予定日の2週間前までに申し出を行う必要があります。

## ● 開始予定日や終了予定日の変更ができる場合がある

育児休業期間の確定後、出産予定日前に子どもが生まれたなどの事由が発生した場合は、1週間前に申し出ることで、1回に限り、休業開始予定日の繰上げ変更が当然に認められます。

これに対し、休業終了予定日の1か月前まで（1歳に達するまでの育児休業の場合）に申し出ることで、1回に限り、休業終了予定日の繰下げ変更が当然に認められます。また、これとは別に1歳6か月あるいは2歳までの育児休業を終了する日については、2週間前までに変更の申し出をすることで、繰り下げ変更をすることができます。

### ■ 開始日の繰上げの申し出と変更後の開始日の指定 ·················

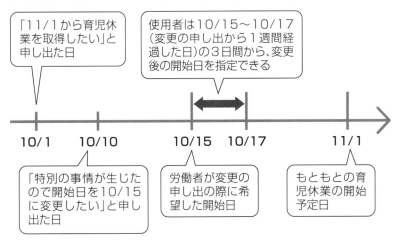

## ● 撤回もできるが再度の申し出に制限がかかる

　労働者はいったん確定した育児休業の申し出を、休業開始日の前日までであれば、いつでも撤回ができます。撤回する理由は問われませんから、申し出により撤回の効果が当然に生じます。しかし、一度撤回してしまうと、同じ子どもについては、下記の「特別な事情」がある場合を除き、再び育児休業を申し出ることができなくなります。撤回する場合には、その点に充分に注意することが肝心です。

　育児休業の撤回は、育児休業を子どもが1歳6か月または2歳に達する日まで延長する場合にも可能です。

① 　配偶者が亡くなったとき

② 　配偶者が病気、ケガにより養育が困難になったとき

③ 　離婚などにより配偶者が子どもと同居しなくなったとき

④ 　子どもが病気または心身の障害により、2週間以上の世話を必要する状態になったとき

⑤ 　保育所等に入所申請をしたが、当面入所できないとき

## ● 同じ子どもについて再度の申し出をすることはできるのか

　育児・介護休業法では、同じ子どもについては、原則として1回しか育児休業の取得を認めていません（法改正により2回に分けて取得も可能となります）。ただし、次のいずれかの「特別な事情」がある場合には、休業回数の制限を受けることなく、再び育児休業を取得することができます。

① 　産前産後休業または新たな育児休業の開始により育児休業期間が終了した場合であって、産前産後休業または新たな育児休業の対象となった子どもが死亡したとき、または他人の養子になったなどの理由により労働者と同居しなくなったとき

② 　介護休業の開始により育児休業期間が終了した場合であって、介護休業の対象となった対象家族が死亡したとき、または離婚や離縁

などにより対象家族と労働者との親族関係が消滅したとき

③ 配偶者が亡くなったとき

④ 配偶者が負傷、病気、心身の障害により、子どもの養育が困難な状態となったとき

⑤ 離婚などの事情により、配偶者が子どもと同居しなくなったとき

⑥ 子どもが負傷、心身の障害により、２週間以上の世話を必要とするようになったとき

⑦ 保育所等に入所申請をしたが、当面入所できないとき

⑧ 有期契約労働者が育児休業をする場合、現在締結されている労働契約期間の末日まで休業した後、労働契約の更新に伴って更新後の労働契約期間の初日を育児休業開始予定日とする申し出をする場合

## ● パパ休暇の特例により再度の育児休業を取得できる場合

　育児休業は、同じ子どもについては、一度しか取得できないのを原則としますが、子どもの出生後８週間以内に父親（または養母）が取得する際の育児休業は、その取得回数に数えられない、つまり「特別な事情」がなくても再び育児休業を取得できるという特例が認められています。これを**パパ休暇**といいます。パパ休暇を活用できる場合には、生後８週間以内に育児休業が終了している際に、同じ子どもについての育児休業を再び取得できるようになります。

### ■ パパ休暇の特例で育児休業を再度取得できる場合 ⋯⋯⋯⋯⋯

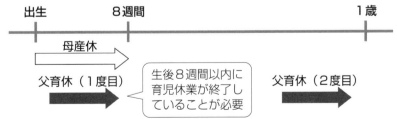

ただし、育児休業を再び取得できるからといって、育児休業期間が直ちに延長されるわけではありません。また、産後休業を取得した労働者にはパパ休暇が適用されません。

## ● どんな場合に育児休業期間は終了するのか

　育児休業は、当然のことですが、通常は労働者が申し出た終了予定日に終わることになります。例外として、次のいずれかの事情が生じた場合には、労働者の意思にかかわらず、育児休業期間の途中であっても、その事情が生じた日（⑤の場合はその前日）に、自動的に育児休業期間が終了します。

① 　子どもが亡くなったとき

② 　子どもが養子の場合の離縁や養子縁組の解消が行われたとき

③ 　子が他人の養子となったなどにより、同居が解消されたとき

④ 　労働者の負傷、病気などにより、子どもが１歳（延長の場合は１歳６か月または２歳）に達するまでの間、その子どもを養育できない状態になったとき

⑤ 　子どもが１歳（延長の場合は１歳６か月または２歳）に達したとき

⑥ 　休業終了予定日までに、育児休業をする労働者について、産前産後休業、介護休業、新たな育児休業が始まったとき

　なお、①から④までの事情が生じた場合には、労働者は事業主にその旨の通知をしなければなりません。

## ● パパ・ママ育休プラス制度による育児休業の取得

　育児休業は、配偶者が専業主婦（主夫）であるかどうかなど、家庭の状況に左右されることなく、取得対象者（221ページ）に当てはまる男女の労働者の誰もが取得できるものです。

　したがって、父親・母親である労働者が、あらかじめ計画を立てた上で、交替で育児休業を取得したり、ある期間は２人そろって育児休

業を取得して子育てに専念することが可能です。

　さらに、子どもの母親と父親がともに育児休業をとる場合には、特例として、育児休業の対象となる子どもが1歳2か月までに延長されるパパ・ママ育休プラス制度の利用もできます（227ページ）。

　パパ・ママ育休プラスの具体的な活用法として、たとえば、母親の産前産後休業後、子どもが1歳になるまでの期間は、母親が育児休業を取得して子どもの養育にあたり、子育てが特に大変になる1歳に近い時期に、母親と父親が2人共同で子育てに励みます。そして、母親が職場復帰した後、子どもが1歳2か月になるまでの期間、今度は父親が母親に替わって育児休業を取得し、子育ての主役となって取り組むというようなケースです（下図の【具体例1】の場合）。

### ■ パパ・ママ育休プラス制度 ‥‥‥‥‥‥‥‥‥‥‥‥‥‥‥‥

**【具体例1】**

| 出生 | 8週間 | | 1歳 | 1歳2か月 |

母産休 →
母育児休業 →
父育児休業 →

**【具体例2】**

| 出生 | 8週間 | | 1歳 | 1歳2か月 |

母産休 →
母育児休業 →
父育児休業 →
父育児休業 →

> この育児休業で「配偶者が子の1歳に達する日以前のいずれかの日において育児休業をしている場合」の要件を満たす

# 育児休業給付金を受給するための手続き

育児休業中の経済的負担を軽減し、制度を利用しやすくする

## ● 育児休業給付金を受けるには

　少子化や女性の社会進出に対応するため、育児休業（221ページ）を取得しやすくすることを目的とした給付が**育児休業給付**です。対象となるのは、１歳未満の子を養育するために育児休業を取得する場合です。なお、パパママ育休プラス制度の場合は１歳２か月、さらに保育園に入所できない等の理由がある場合は１歳６か月または２歳です。育児休業は、男女を問わず取得することができます（子が実子であるか養子であるかは問われません）。

　育児休業の取得を希望する者のうち、以下の要件を満たす者が、育児休業給付金の支給対象者となります。

・雇用保険の一般被保険者（１週間の所定労働時間が20時間以上で、31日以上雇用される見込みのある者）であること

・育児休業開始日前の２年間に、賃金を受けて雇用保険に加入していた日が11日以上ある月が12か月以上あること（賃金を受けて雇用保険に加入していた日が11日以上の月が12か月ない場合、賃金の支払基礎となった時間が80時間以上の月を１か月として算定する）

・事業主に対して育児休業の開始日と終了日を申し出ていること

　ただし、育児休業を開始する時点で育児休業終了後に離職することが決まっている場合は対象になりませんので注意してください。

　なお、期間を定めて雇用されている労働者でも、①休業開始時に同じ会社で１年以上雇用が継続している（改正法の施行時期については、令和４年４月１日予定。225ページ）、②原則として子が１歳６か月に達する日を超えて引き続き雇用される見込みがある、という要件を満

たす場合は支給対象になります。

次に、支給対象者が以下の支給要件を満たせば、育児休業給付金を受けることができます。

ⓐ　支給単位期間（育児休業開始日から起算して1か月ごとの期間）の初日から末日まで継続して被保険者資格があること

ⓑ　支給単位期間の就業している日数が10日（10日を超える場合にあっては、就業している時間が80時間）以下であること

ⓒ　支給単位期間に支給された賃金が、休業を開始した時の賃金月額の80％未満であること

## ● 支給対象期間や支給額について

育児休業給付金の支給対象期間は産後休業を経過した日の翌日から、子が満1歳となる日（誕生日の前日）の前日までです。

ただし、「パパ・ママ育休プラス制度」を利用して育児休業を取得する場合、一定の要件を満たすことによって子が1歳2か月に達する

### ■ 育児休業給付金の支給を受けるための手続き ……………………

| 申請者 | 事業主、または被保険者（育児休業を取得する労働者） |
|---|---|
| 提出書類 | ・初回申請時<br>　育児休業給付受給資格確認票・（初回）育児休業給付金支給申請書<br>　休業開始時賃金月額証明書<br>・2回目申請時以降<br>　育児休業給付金支給申請書 |
| 添付書類 | 賃金台帳、出勤簿、母子健康手帳など |
| 提出先 | 事業所の所在地を管轄する公共職業安定所（インターネットを利用した電子申請も可能） |
| 申請期限 | 育児休業開始日から4か月を経過する日の属する月の末日（初回申請時の書類両方を同時に提出する場合） |

日の前日までに支給対象期間が延長されます。この場合、支給される育児休業給付金は1年までです。

　さらに、保育園に入所できない等の理由がある場合、1歳6か月又は2歳の前日まで支給対象期間になります。

　支給額は、育児休業開始後180日目まで休業開始時賃金日額の67％、それ以降は50％に支給日数を掛けて算出します。なお、休業開始時賃金日額とは、育児休業を始める前の6か月間の賃金を180で割った金額をいいます。賃金月額は、下限額（77,310円）と上限額（450,600円）が設定されており、下限額を下回る場合は下限額に、上限額を上回る場合は上限額になります。

## 【請求手続】

　初回の請求手続きには、①**休業開始時賃金月額証明書**（240ページ）と②**育児休業給付受給資格確認票・（初回）育児休業給付金支給申請書**（次ページ）を提出します。提出期限は、受給資格確認手続きを行う場合には、②の書類を初回の支給申請を行う日までに提出し、初回の支給申請も同時に行う場合、①と②の書類を同時に、育児休業開始日から4か月を経過する日の属する月の末日までに管轄のハローワークに提出します。

　2回目以降の申請は、ハローワークから交付される育児休業給付金支給申請書を提出します。支給申請期間と支給申請日は、交付される申請書に印字してありますので遅れないようにしましょう。

## 【添付書類】

　賃金台帳、出勤簿、母子健康手帳が必要になります。

## 【ポイント】

　支給対象期間中に賃金が支払われた場合は、その支給率に応じて育児休業給付金の支給額は減額されます。

■ 様式第33号の5（第101条の13関係）（第1面）

## 育児休業給付受給資格確認票・（初回）育児休業給付金支給申請書

（必ず第2面の注意書きをよく読んでから記入してください。）

**帳票種別** `1 2 4 0 5`

1. 被保険者番号 `1 2 3 4 - 5 6 7 8 9 0 - 1`
2. 資格取得年月日 `4 - 2 0 0 4 0 1`

3. 事業所番号 `5 9 0 0 - 0 0 0 0 1 - 0`
4. 育児休業開始年月日 `5 - 0 4 0 2 0 7`
5. 出産年月日 `5 - 0 3 1 2 1 2`
（元号　3 昭和　4 平成　5 令和）

6. 個人番号 `9 8 7 6 5 4 3 2 1 2 3 4 6`
7. 被保険者の住所（郵便番号） `1 4 5 - 0 0 0 3`

8. 被保険者の住所（漢字）※市・区・郡及び町村名
`大 田 区 池 上 東`

被保険者の住所（漢字）※丁目・番地
`2 - 2 - 2`

被保険者の住所（漢字）※アパート、マンション名等

9. 被保険者の電話番号（項目ごとにそれぞれ詰めて記入してください。）
市外局番 `0 9 0` 市内局番 `0 0 0 1` `0 0 0 2`

10. 支給単位期間その1 （初日）`5 - 0 4 0 2 0 7`（末日）`0 3 0 6`（4 平成 5 令和）
11. 就業日数 `0 0`
12. 就業時間 `0 0`
13. 支払われた賃金額

14. 支給単位期間その2 （初日）`5 - 0 4 0 3 0 7`（末日）`0 4 0 6`（4 平成 5 令和）
15. 就業日数 `0 0`
16. 就業時間 `0 0`
17. 支払われた賃金額

18. 最終支給単位期間 （初日）（末日）
19. 就業日数
20. 就業時間
21. 支払われた賃金額

22. 職場復帰年月日
23. 支給対象となる期間の延長事由・期間

24. 配偶者育休取得
25. 配偶者の被保険者番号
26. 期間雇用者の継続雇用の見込み
27. 休業事由の消滅年月日

※公共職業安定所記載欄
28. 延長否認区分
29. 産後休業表示（休業がある場合に「1」を記入）
30. 賃金月額（区分ー日額又は総額）（1 日額 2 総額）
31. 当初の育児休業開始年月日

32. 受給資格確認年月日（4 平成 5 令和）
33. 受給資格否認区分（受給資格なしと判断した場合に「1」を記入）
34. 支給申請月（1 奇数月 2 偶数月）
35. 次回支給申請年月日

36. 支払区分
37. 金融機関・店舗コード
口座番号
38. 未支給区分（空欄 未支給以外 1 未支給）

上記被保険者が育児休業を取得し、上記の記載事実に誤りがないことを証明します。
事業所名（所在地・電話番号）緑商会　東京都品川区五反田1−2−3　03-3321-1123
令和　4　年　4　月　15　日　事業主氏名　代表取締役　鈴木太郎　㊞

上記のとおり育児休業給付の受給資格の確認をします。
雇用保険法施行規則第101条の13の規定により、上記のとおり育児休業給付金の支給を申請します。
令和　4　年　4　月　15　日　品川区　公共職業安定所長　殿
フリガナ　ミナミカワ　ヨウコ
申請者氏名　南川　洋子　㊞

**払渡希望金融機関指定届**

| | フリガナ | トウザイ　イケガミ | | 金融機関コード | 店舗コード | 金融機関による確認印 |
|---|---|---|---|---|---|---|
| 払渡希望金融機関 | 名　称 | 東西銀行　池上 | ㊞ | 0 1 2 3 | 4 5 6 | |
| | 銀行等（ゆうちょ銀行以外） | 口座番号（普通）1 1 2 2 3 3 3 | | | | |
| | ゆうちょ銀行 | 記号番号（総合）　− | | | | |

◆ 金融機関へのお願い
雇用保険の支給決定される給付金の金融機関口座への払渡を円滑・正確に取り扱うため、次の二つにつき御協力をお願いします。
①金融機関の窓口で届出される場合は、「申請者氏名」欄、「名称」欄及び「銀行等（ゆうちょ銀行以外）」の「口座番号」欄（「ゆうちょ銀行」の「記号番号」欄）を記載した上、金融機関の確認印を押印してください。
②金融機関コードは左詰で記入し、口座番号は右詰で記入してください。

備考
賃金締切日　当月　31　日　通勤手当　有（月・3か月・6か月）無
賃金支払日　当月　25　日

処理欄
資格確認の可否　可・否
資格確認年月日　令和　年　月　日
通知年月日　令和　年　月　日

※所長　次長　課長　係長　係　操作者

社会保険労務士記載欄
作成年月日・提出代行者・事務代理者の表示　氏名　電話番号　㊞

2019. 5

## 雇用保険被保険者休業開始時賃金月額証明書（事業主控）　（育児・介護）

| ① 被保険者番号 | 1234 - 567890 - 1 | ③ フリガナ<br>休業を開始した者の氏名 | ミナミカワ ヨウコ<br>南川 洋子 | ④休業を開始した日の年月日 | 令和年 | 月 | 日 |
|---|---|---|---|---|---|---|---|
| ② 事業所番号 | 5900 - 000010 - 0 | | | | 4 | 2 | 7 |

| ⑤ 名称<br>事業所所在地<br>電話番号 | 緑商会<br>東京都品川区五反田１－２－３<br>03-3321-1123 | ⑥休業を開始した者の住所又は居所 | 〒 145-0003<br>東京都大田区池上東２－２－２<br>電話番号（090）0001 - 0002 |
|---|---|---|---|

| 事業主 | 住所 | 東京都品川区五反田１－２－３ |
|---|---|---|
| | 氏名 | 代表取締役　鈴木 太郎 |

### 休業を開始した日前の賃金支払状況等

| ⑦休業を開始した日の前日に離職したとみなした場合の被保険者期間算定対象期間 | | ⑧⑦の期間における賃金支払基礎日数 | ⑨ 賃金支払対象期間 | ⑩⑨の基礎日数 | ⑪ 賃金額 | | | ⑫ 備考 |
|---|---|---|---|---|---|---|---|---|
| 短時間以外・短時間 | 休業を開始した日 2月7日 | | | | Ⓐ | Ⓑ | 計 | |
| 1月 7日～休業を開始した日の前日 | | 0日 | 1月 1日～休業を開始した日の前日 | 0日 | 0 | | | 自 2021.11.1<br>至 2022.2.6 |
| 12月 7日～ 1月 6日 | | 0日 | 12月 1日～12月31日 | 0日 | 0 | | | 98日間<br>出産のため |
| 11月 7日～12月 6日 | | 0日 | 11月 1日～11月30日 | 0日 | 0 | | | 賃金支払なし |
| 10月 7日～11月 6日 | | 18日 | 10月 1日～10月31日 | 31日 | 229,500 | | | |
| 9月 7日～10月 6日 | | 30日 | 9月 1日～ 9月30日 | 30日 | 229,500 | | | |
| 8月 7日～ 9月 6日 | | 31日 | 8月 1日～ 8月31日 | 31日 | 229,500 | | | |
| 7月 7日～ 8月 6日 | | 31日 | 7月 1日～ 7月31日 | 31日 | 229,500 | | | |
| 6月 7日～ 7月 6日 | | 30日 | 6月 1日～ 6月30日 | 30日 | 229,500 | | | |
| 5月 7日～ 6月 6日 | | 31日 | 5月 1日～ 5月31日 | 31日 | 229,500 | | | |
| 4月 7日～ 5月 6日 | | 30日 | 月 日～ 月 日 | | | | | |
| 3月 7日～ 4月 6日 | | 31日 | 月 日～ 月 日 | | | | | |
| 2月 7日～ 3月 6日 | | 28日 | 月 日～ 月 日 | | | | | |
| 1月 7日～ 2月 6日 | | 31日 | 月 日～ 月 日 | | | | | |
| 12月 7日～ 1月 6日 | | 31日 | 月 日～ 月 日 | | | | | |
| 11月 7日～12月 6日 | | 30日 | 月 日～ 月 日 | | | | | |
| 月 日～ 月 日 | | | 月 日～ 月 日 | | | | | |

| ⑬賃金に関する特記事項 | | 休業開始時賃金月額証明書受理<br>平成 年 月 日<br>（受理番号 号） |
|---|---|---|
| ※公共職業安定所記載欄 | | |

### 注意

1　事業主は、公共職業安定所からこの休業開始時賃金月額証明書（事業主控）の返付を受けたときは、これを4年間保管し、関係職員の要求があったときは提示すること。

2　休業開始時賃金月額証明書の記載方法については、別紙「雇用保険被保険者休業開始時賃金月額証明書についての注意」を参照すること。

3　「休業を開始した日」とあるのは、当該被保険者が育児休業又は介護休業を開始した日のことである。
　　なお、被保険者が労働基準法の規定による産前・産後休業に引き続いて育児休業を取得する場合は、出産日から起算して58日目に当たる日が「休業を開始した日」となる。

※欄目　　　に本人押印欄があります

提出する際には次の書類を添付して下さい。
・育児休業給付受給資格確認票
・育児休業に係る子の出産日の確認できるもの
(母子手帳・健康保険出産手当金請求書・住民票等）
・賃金台帳
・出勤簿（タイムカード）

| 社会保険 労務士 記載欄 | （作成年月日・提出代行者・事務代理者の表示） | 氏 名 | 電話番号 |
|---|---|---|---|
| | | ㊞ | |

12.5 (949) SK

# 9 社会保険の被保険者が育児休業を開始するときの届出

育児休業を開始した月中に確実に保険者に提出する必要がある

## ● 育児休業中は社員・事業主ともに社会保険料が免除される

　育児休業期間中は、労働者の収入がどうしても少なくなります。このため、**社会保険料の納付が免除される制度**が設けられています。

　免除される社会保険料は、健康保険、介護保険、厚生年金保険です。この場合、労働者本人の負担分だけでなく、会社負担分についても免除されることになっています。免除される期間は、育児休業開始月から育児休業終了月の前月（育児休業終了日が月の末日の場合は育児休業終了月）までです。社会保険料の免除が受けられるのは育児休業と子が3歳になるまでの育児休業に準じる休業です。子が3歳になるまでの育児休業に準じる休業については、休業期間中でも子が3歳になれば免除は終了します。社会保険料の支払いが免除されてもその期間中は保険料を支払ったものとして扱われますので、健康保険や介護保険の給付を受けることは可能です。

【申請手続】

　事業所管轄の年金事務所に**健康保険・厚生年金保険育児休業等取得者申出書**（次ページ）を提出します。添付書類は特にありません。

【ポイント】

・産前産後休業の期間分の保険料は別途、産前産後休業取得者申出書/変更（終了）届（214ページ）を提出する必要があります。

・育児休業取得者申出書を提出した者が申出書に記載した当初の休業終了予定日より早く休業を終了することになった場合には、「育児休業取得者終了届」として提出します。

| 様式コード | | |
|---|---|---|
| 2 2 6 3 | 健康保険<br>厚生年金保険 | **育児休業等取得者**<br>**申出書(新規・延長)/終了届** |

令和 3 年 8 月 8 日提出

**提出者記入欄**

| 事業所<br>整理記号 | 01 - イロハ | | 受付印 |
|---|---|---|---|
| | 届書記入の個人番号に誤りがないことを確認しました。 | | |
| 事業所<br>所在地 | 〒145 - 0001<br>東京都大田区蒲田1-2-3 | | |
| 事業所<br>名称 | 東西ソフトウェア株式会社 | **社会保険労務士記載欄** | |
| 事業主<br>氏名 | 代表取締役 東田　三郎 | 氏　名　等 | |
| 電話番号 | 03 （ 3721 ） 0123 | | |

新規申出の場合は共通記載欄に必要項目を記入してください。
延長・終了の場合は、共通記載欄に育児休業取得時に提出いただいた内容を記入のうえ、A.延長　B.終了の必要項目を記入してください。

**共通記載欄（新規申出）**

| ① 被保険者<br>整理番号 | 7 | | ② 個人番号<br>(基礎年金番号) | 2 1 4 5 1 2 3 4 5 6 | | |
|---|---|---|---|---|---|---|
| ③ (フリガナ) コウノ ハナコ<br>被保険者<br>氏名 | 甲野 | 花子 | ④ 被保険者<br>生年月日 | ⑤.昭和<br>7.平成<br>9.令和　5 7 1 0 1 7 | ⑥ 被保険者<br>性別 | 1.男<br>2.女 |
| ⑦ (フリガナ) コウノ イチロウ<br>養育する<br>子の氏名 | 甲野 | 一郎 | ⑧ 養育する子の<br>生年月日 | 7.平成<br>9.令和　0 3 0 6 0 5 | | |
| ⑨ 区分 | 1.実子<br>2.その他 ※「2.その他」の場合は、⑩養育開始年月日も記入してください。(実子以外) | | ⑩ 養育開始年月日<br>(実子以外) | 9.令和 | | |
| ⑪ 育児休業等<br>開始年月日 | 7.平成<br>9.令和　0 3 0 8 0 1 | | ⑫ 育児休業等<br>終了予定年月日 | 9.令和　0 4 0 5 3 1 | | |
| ⑬ 備考 | 該当する項目を〇で囲んでください。<br>1. パパママ育休該当　　　2. その他（　　　　　　　　） | | | | | |

**終了予定日を延長する場合** ※必ず共通記載欄も記入してください。

**A.延長**

| ⑬ 育児休業等<br>終了予定<br>年月日<br>(変更後) | 9.令和 | 年　　月　　日 |
|---|---|---|

※延長とは、「0〜1歳」「1〜1歳6か月」「1歳6か月〜2歳」「1歳〜3歳」の4つの区分のそれぞれの期間内で終了予定日を延長する場合をいいます。

例：子が「0歳〜1歳」の区分における育児休業として、当初「産後57日目から8か月まで」の期間を申出していたが、「産後57日目から1歳（誕生日の前日）まで」の期間に変更する場合
⇒「延長」となりますので、「共通記載」欄及び「A.延長」欄を記入してください。

**予定より早く育児休業を終了した場合** 必ず共通記載欄も記入してください。

**B.終了**

| ⑭ 育児休業等<br>終了年月日 | 9.令和 | 年　　月　　日 |
|---|---|---|

例：①1歳誕生日前日までの育休申出をされていた方が、続けて、②1歳6か月前日までの育休申出をされる場合
⇒延長ではなく新規申出となりますので上段の「共通記載」欄にあらためて記入してください。

○ 役員・経営担当者等の使用者の方は、原則、保険料免除には該当しませんのでご注意してください。

○ 育児休業等による保険料免除の期間は以下の4つの区分があります。4つの区分それぞれに申出が必要となりますのでご注意ください。

| | 養育する子が |
|---|---|
| ①1歳未満の子を養育するための育児休業 | → 0歳 〜 1歳誕生日前日まで<br>(パパママ育休の場合は1歳2か月前日まで) |
| ②保育所待機等の特別の事情がある場合の1歳から1歳6か月に達するまでの育児休業 | → 1歳誕生日 〜 1歳6か月前日まで |
| ③保育所待機等の特別の事情がある場合の1歳6か月から2歳に達するまでの育児休業 | → 1歳6か月目 〜 2歳誕生日前日まで |
| ④1歳から3歳までの子を養育するための育児休業に準ずる期間 | → 1歳誕生日 〜 3歳誕生日前日まで |

○ パパママ育休プラスとは、父母ともに育児休業を取得する場合、育児休業取得可能期間を子が1歳から1歳2か月に達するまでに延長する制度です。
なお、父母1人ずつが取得できる休業期間（母親の産後休業期間を含む。）の上限は、1年間となります。

# 育児休業を取得したことで
# 賃金が低下した場合の届出
## 給与改定がなくても標準報酬月額が改定される

### ◉ 育児休業等終了時報酬月額変更届を提出する

　育児休業を終了して職場復帰しても、以前と同じように勤務することは難しいことです。育児のないときと同じように残業をするのは、なかなかできませんので、収入が減少してしまいます。一方、社会保険料は次回の定時決定まで固定となるため、労働者にとっては大きな負担となります。また、固定的賃金の変動がなければ随時改定による標準報酬月額の改定も認められません。

　そこで、育児休業を終了して3歳未満の子を養育している場合に限り、固定的賃金の変動がなくても標準報酬月額を改定することができる手続きが認められています。

【申請手続】

　育児休業終了日の翌日の属する月以後3か月間に受けた報酬の平均により標準報酬月額が決定するので、**育児休業等終了時報酬月額変更届**（次ページ）を管轄の年金事務所に提出します。

【添付書類】

　ありません。

【ポイント】

　1か月の報酬の基礎となる日数（出勤日）が17日未満の月を除外します。

【参考】

　育児休業の翌日が属する月を1か月目として、4か月目の標準報酬月額から改定されます。

| 様式コード | | |
|---|---|---|
| 2 | 2 | 2 |

健康保険
厚生年金保険

**育児休業等終了時報酬月額変更届**

厚生年金保険　70歳以上被用者育児休業等終了時報酬月額相当額変更届

令和 4 年 7 月 3 日提出

**提出者記入欄**

事業所整理記号　01-イロハ

届書記入の個人番号に誤りがないことを確認しました。

事業所所在地　〒145-0001
東京都大田区蒲田1-2-3

事業所名称　東西ソフトウェア株式会社

事業主氏名　代表取締役 東田 三郎

電話番号　03（3721）0123

受付印

社会保険労務士記載欄
氏名等

**申出者欄**

☐ 育児休業等を終了した際の標準報酬月額の改定について申出します。
（健康保険法施行規則第38条の2及び厚生年金保険法施行規則第10条）
※必ず☐に✓を付けてください。

令和 4 年 7 月 1 日

日本年金機構理事長あて

住所　〒146-0006 東京都大田区大森1-4-8

氏名　甲野　花子　　電話　03（3720）1234

**被保険者欄**

① 被保険者整理番号　7

② 個人番号（基礎年金番号）　214512 3456

③ 被保険者氏名　（フリガナ）コウノ　ハナコ　（氏）甲野　（名）花子

④ 被保険者生年月日　5.昭和 7.平成 9.令和　571017

⑤ 子の氏名　（フリガナ）コウノ　イチロウ　（氏）甲野　（名）一郎

⑥ 子の生年月日　7.平成 9.令和　030605

⑦ 育児休業等終了年月日　9.令和　040331

| ⑧ | 支給月 | 給与計算の基礎日数 | ⑨通貨 | ⑩現物 | ⑪合計 | | |
|---|---|---|---|---|---|---|---|
| 給与支給月及び報酬月額 | 4 月 | 0 日 | 0 円 | 0 円 | 0 円 | ⑫総計 | 440000 円 |
| | 5 月 | 31 日 | 220,000 円 | 0 円 | 220,000 円 | ⑬平均額 | |
| | 6 月 | 30 日 | 220,000 円 | 0 円 | 220,000 円 | ⑭修正平均額 | 220000 円 |

⑫ 従前標準報酬月額　健 280　厚 280

⑬ 昇給降給　月　1. 昇給　2. 降給

⑭ 遡及支払額　月　遡及支払額

⑮ 改定年月　4 年 7 月

⑯ 給与締切日・支払日　締切日 末日　支払日 10（翌月）

⑰ 備考　該当する項目を〇で囲んでください。
1. 70歳以上被用者　2. 二以上勤務被保険者　3. 短時間労働者（特定適用事業所等）　4. パート　5. その他（　）

⑱ 月変該当の確認　（該当する場合はチェックしてください）
育児休業等を終了した日の翌日に引き続いて、産前産後休業を開始していませんか。
✓ 開始していません
※ 育児休業等を終了した日の翌日に引き続いて産前産後休業を開始した場合は、この申出はできません。

○ **育児休業等終了時報酬月額変更届とは**

「育児休業、介護休業等育児又は家族介護を行う労働者の福祉に関する法律」による満3歳未満の子を養育するための育児休業等（育児休業及び育児休業に準ずる休業）終了日に3歳未満の子を養育している被保険者は、一定の条件を満たす場合、随時改定に該当しなくても、育児休業終了日の翌日が属する月以後3カ月間に受けた報酬の平均額に基づき、4カ月目の標準報酬月額から改定することができます。ただし、育児休業等を終了した日の翌日に引き続いて産前産後休業を開始した場合は、この申出はできません。

○ **変更後の標準報酬月額が以前より下がった方へ**

3歳未満の子を養育する被保険者または被保険者であった者で、養育期間中の各月の標準報酬月額が、養育開始月の前月の標準報酬月額を下回る場合、「養育期間標準報酬月額みなし措置」という制度をご利用いただけます。この申出をいただきますと、将来の年金額の計算時には養育期間以前の従前標準報酬月額を用いることができますので、「育児休業等終了時報酬月額変更届」とあわせて、「養育期間標準報酬月額特例申出書」を提出してください。

# 11 介護休業・介護休暇について知っておこう

親の介護が必要になったときに検討する

## ● 介護休業とはどんな制度なのか

**介護休業**は、労働者が、要介護状態にある家族を介護することが必要な場合に、事業主に申し出ることで、休業期間を得ることができる制度です。事業主は、介護休業の対象となる労働者から「介護休業したい」との申し出を受けると、繁忙期、人手不足、経営難などの事情があっても、申し出を拒否したり、休業期間を変更することができません。また、介護休業の申し出や取得を理由に解雇し、または就業させないなどの不利益な取扱いをすることもできません。介護休業期間中について、事業主には賃金を支払う義務がありません。

介護休業の対象となる労働者の条件は、正社員などの無期雇用者（期間を定めずに雇用契約をしている者）に限らず、期間雇用者も含みます。しかし、日々雇用される労働者（日雇い労働者）は含まれません。なお、期間雇用者については、申し出の時点で、以下の条件にすべて該当する場合に限り、介護休業を取得できます。

① 同じ事業主に継続して１年以上雇用されていること（令和４年４月からはこの要件が廃止されます）

② 介護休業の取得予定日から起算して93日を経過する日から６か月を経過する日までの間に、労働契約（更新される場合は更新後の契約）の期間が満了することが明らかでないこと

また、労使協定を締結することで上記の他に、１週間の所定労働日数が２日以下の者も除外することができます。

そして、労働者が介護休業の取得を求める場合は、原則として休業開始予定日の２週間前までに、事業主に対して申し出ることが必要と

されています。

## ● 対象家族１人につき通算93日の範囲内で最大３回の申し出

　１人の対象家族につき、通算93日の範囲内で、最大３回まで分割して介護休業を取得できます。これは介護離職を防止するため措置で、介護施設を探すための休業、自宅や病院で最期を看取るための休業など、状況に合わせて柔軟に取得できるようになっています。

　なお、たとえば脳梗塞で半身に麻痺が生じ要介護状態になった家族を介護するために介護休業を取得し、その後復職していたが、その同じ家族が認知症が原因で問題行動を起こすようになり、再び要介護状態になった場合は、１人の対象家族が前回とは別の要介護状態に至っていることから、新たに93日の範囲内で介護休業の申し出ができます。

## ● 申立書提出や手続きの流れ

　介護休業の取得のためには、労働者が、原則として休業開始予定日の２週間前の日までに申し出ます。申し出の方法は、書面（申出書）の提出によって行います（事業主が認める場合はFAXや電子メールでもよい）。申出書には、労働者の氏名、対象家族の氏名と労働者との続柄、対象家族が要介護状態にあること、休業期間などを記入します。

　対象家族が要介護状態にある事実などは、申出書に記載するだけでもよいとされていますが、事業主が必要と判断する場合には、その旨を証明する書面を添付するよう請求することができます。

　申し出を受けた事業主は、次の内容を記載した書面（労働者が希望する場合はFAXや電子メールでもよい）を速やかに交付することが義務づけられています。

① 　介護休業の申し出を受けたこと
② 　介護休業開始予定日及び介護休業終了予定日
③ 　介護休業の申し出を拒む場合は、その旨及びその理由

## ● 介護休業の申し出は撤回できるのか

　介護休業を申し出ても、介護休業開始予定日の前日までは、事由に関係なく、当該介護休業の申し出を撤回できます。撤回した後も、同じ対象家族について介護休業を申し出ることができます。ただし、同じ対象家族について、2回連続して介護休業の申し出を撤回した場合には、業務などへの影響が大きいことから、事業主は、その後の介護休業の申し出を拒否する権限が認められています。

　なお、介護休業開始予定日の前日までに、次のいずれかの事情が発生した場合は、介護休業の申し出はなかったものと扱われます。

① 　対象家族が死亡した場合
② 　離婚、婚姻の取消し、離縁、養子縁組の取消しなどの事情で、対象家族と労働者の親族関係が消滅した場合
③ 　労働者が病気やケガなどの事情で、介護休業等日数が93日に達するまでの間、対象家族の介護ができない状態になった場合

## ● 終了日の変更などについて

　介護休業の終了予定日は、介護休業の申し出の時点で労働者から事業主に伝えておく必要があります。ただ、介護がどの程度の期間必要であるかは、申し出の時点ではっきりしないことも多いため、終了予定日の2週間前までに申し出をすることで、事由を問わず1回に限り、終了予定日の繰下げ変更をすることができます。

## ● どんな場合に介護休業が終了するのか

　介護休業は、終了予定日が到来した場合以外にも、次のいずれかの事由があった場合に終了します。

① **対象家族の介護が@〜©のいずれかの事情で不要になった、またはできなくなった場合**
　　@ 　対象家族が死亡した

ⓑ 離婚や婚姻の取消し、離縁や養子縁組の取消しなどの事情により、対象家族と労働者の親族関係が消滅した
ⓒ 労働者自身がケガや病気などで心身に支障をきたし、対象家族を介護できない状態になった
② **介護休業している労働者自身が産前産後休業、育児休業または別の対象家族を介護するために新たに介護休業を取得した場合**

これらの事情で介護休業を終了する場合は、労働者は事業主に対してそのことを通知しなければなりません。

## ● 介護休暇について

介護休暇とは、1年度（事業主が特段の定めをしていなければ4月1日から翌3月31日まで）に要介護状態にある対象家族が1人であれば5日間、2人以上であれば10日間、介護や世話をするための休暇を取得することができる制度です。介護休暇制度を利用すると、たとえば、ヘルパーが急な都合で来られなくなった場合など、短期間の介護や世話が必要になったときにも休暇を取得することができます。

1日単位で取得する他に、時間単位での取得も可能です。介護休暇を取得できるのは、要介護状態にある対象家族を介護または世話をす

### ■ 介護休暇のしくみ ……………………………………………

| 取得対象者 | 要介護状態にある対象家族の介護や世話をする労働者 |
|---|---|
| 取得できない労働者 | ・日雇い労働者は取得できない<br>・継続雇用期間が6か月未満の者、1週間の所定労働日数が2日以下の者は、労使協定で対象外にできる |
| 取得手続き | 対象家族との続柄など、一定の事項を明らかにして申し出る |
| 取得日数 | 1年度あたり、要介護状態にある対象家族が1人であれば5日間、2人以上であれば10日間 |

る労働者です。ここでの「世話」には、通院の付き添いや対象家族が介護サービスの提供を受けるために必要な手続の代行などが含まれます。介護休暇を取得するためには、事業主に対して対象家族が要介護状態にある事実や介護休暇を取得する年月日を明らかにして申し出をすることが必要です。

　そして、日々雇用される者（日雇い労働者）以外の労働者は、無期雇用者であるか有期雇用者であるかを問わず、介護休暇の取得が認められます。ただし、次のいずれかの条件に該当する者については、労使協定を締結することで、介護休暇制度の対象から除外できます。

・同じ事業主に継続して雇用された期間が6か月未満の者
・1週間の所定労働日数が2日以下の者
・時間単位で介護休暇を取得することが困難と認められる業務に従事する労働者（1日単位での取得は可能）

　介護休暇制度の対象になる労働者が介護休暇を取得するには、事業主に対して、次のような事項を明らかにして申し出をしなければなりません。この申し出は書面に限らず、口頭で行うこともできます。

・対象家族の氏名と労働者との続柄
・対象家族が要介護状態にある事実
・介護休暇を取得する年月日

　事業主は、介護休暇の取得に関する事実を証明することができる書類を提出することを、労働者に対して求めることができます。

　労働者が育児・介護休業法が定める手続きに従い、介護休暇を申し出た場合には、申し出を受けた事業主は、経営困難や繁忙期など、どのような事情があっても、申し出を拒否したり、休暇取得日を変更したりすることはできません。

**介護休業の対象となる要介護状態について教えてください。**

　　介護休業を取得できるのは、ケガ、病気、加齢などの事情で、2週間以上にわたり常時介護を必要とする「要介護状態」にある対象家族を介護する労働者です。

　要介護状態として認められるためには、対象家族が「常時介護を必要とする状態」であることが必要です。「常時介護を必要とする状態」については、厚生労働省が基準（常時介護を必要とする状態に関する判断基準）を示しており（次ページ図）、これを参照しつつ、判断することになります。しかし、この基準に厳密に従う必要はなく、介護休業の取得が制限されないように、介護をしている労働者の個々の事情にあわせて、労働者が仕事と介護を両立できるよう、事業主は柔軟に運用することが望まれます。

　この基準では、対象家族が「常時介護を必要とする状態」とは、以下の(1)または(2)のいずれかに該当する場合であるとしています。

(1)　介護保険制度の要介護状態区分において要介護2以上であること

(2)　状態①〜⑫のうち「2」が2つ以上、または「3」が1つ以上該当し、かつ、その状態が継続すると認められること

　たとえば、被介護者が、薬の服薬について「全面的介助が必要」な状態であれば、「3」が1つ以上という要件を満たすので、介護休業の申請が可能です。また、薬の服薬について「一部介助、見守り等が必要」な状態であれば、他の項目で同様の状態であれば「2」が2つ以上という要件を満たすので、介護休業の申請が可能になります。なお、「自分で可」という状態は、福祉用具を使って自分でできることも含まれます。

## ■ 常時介護を必要とする状態に関する判断基準 ·······················

| 状態 ＼ 項目 | 1 | 2 | 3 |
|---|---|---|---|
| ①座位保持（10分間一人で座っていることができる） | 自分で可 | 支えてもらえればできる | できない |
| ②歩行（立ち止まらず、座り込まずに5m程度歩くことができる） | つかまらないでできる | 何かにつかまればできる | できない |
| ③移乗（ベッドと車いす、車いすと便座の間を移るなどの乗り移りの動作） | 自分で可 | 一部介助、見守り等が必要 | 全面的介助が必要 |
| ④水分・食事摂取 | 自分で可 | 一部介助、見守り等が必要 | 全面的介助が必要 |
| ⑤排泄 | 自分で可 | 一部介助、見守り等が必要 | 全面的介助が必要 |
| ⑥衣類の着脱 | 自分で可 | 一部介助、見守り等が必要 | 全面的介助が必要 |
| ⑦意思の伝達 | できる | ときどきできない | できない |
| ⑧外出すると戻れない | ない | ときどきある | ほとんど毎日ある |
| ⑨物を壊したり衣類を破くことがある | ない | ときどきある | ほとんど毎日ある |
| ⑩周囲の者が何らかの対応をとらなければならないほどの物忘れがある | ない | ときどきある | ほとんど毎日ある |
| ⑪薬の内服 | 自分で可 | 一部介助、見守り等が必要 | 全面的介助が必要 |
| ⑫日常の意思決定 | できる | 本人に関する重要な意思決定はできない | ほとんどできない |

# 介護休業給付について知っておこう

介護休業中の経済的負担を軽減し、制度を利用しやすくする

## ● どのような人が対象なのか

　介護休業の取得者は雇用保険から**介護休業給付**を受給することができます。まず、以下の要件を満たす者が、介護休業給付の支給対象者となります。

・雇用保険の一般被保険者であること

・介護休業開始日前の2年間に、賃金を受けて雇用保険に加入していた日が11日以上ある月が12か月以上あること（賃金を受けて雇用保険に加入していた日が11日以上の月が12か月ない場合、賃金の支払基礎となった時間が80時間以上の月を1か月として算定する）

・事業主に対して介護休業の開始日と終了日を申し出ていること

　ただし、介護休業を開始する時点で介護休業終了後に離職することが決まっている場合は対象になりませんので、注意してください。

　なお、期間を定めて雇用されている労働者でも、①休業開始時に同じ会社で1年以上雇用が継続している、②原則として休業予定日から93日を経過する日から6か月を経過する日においても引き続き雇用される見込みがある、という要件を満たす場合は支給対象になります。令和4年4月から①の要件が改正され、雇用期間が1年未満であっても介護休業給付の対象となります。

　次に、支給対象者が以下の支給要件を満たせば、介護休業給付金を受けることができます。

・支給単位期間（介護休業開始日から起算して1か月ごとの期間）の初日から末日まで継続して被保険者資格があること

・支給単位期間に、就業していると認められる日（会社の公休日も含

む）が10日以下であること

・支給単位期間に支給された賃金が、休業を開始した時の賃金月額の80％未満であること

## ● 対象となる家族は

　介護休業を取得することができるのは、負傷や疾病などにより、精神もしくは身体に障害があり、2週間以上常時介護を必要とする状態にある、次の範囲内の家族を介護する場合です。

① 　配偶者（事実婚の相手でも可）

② 　父母（養父母でも可）

③ 　子（養子でも可）

④ 　配偶者の父母（養父母でも可）

⑤ 　祖父母

⑥ 　兄弟姉妹

⑦ 　孫

## ● どの程度の期間受給できるのか

　介護休業給付金の支給期間は、1人の家族につき介護休業開始日から最長3か月（93日）間です。

　介護休業給付は3回に分けて受給することができます。たとえば、1回目が3か月（93日）の期間より早く介護休業を終了した場合、2回目、3回目の介護休業のうち、1回目と合算して93日目になるまでは介護休業給付を受給できます。たとえば1回目の介護休業を50日間で終えた場合、2回目の介護休業の31日間、3回目の介護休業の12日間というように最大3回に分けて支給されます。

## ● どのくらい支給されるのか

　支給額は、原則として休業開始時賃金日額（介護休業を始める前

の６か月間の賃金を180で割った金額）の67％です。介護休業給付金の支給期間中に事業主から賃金が支払われている場合は支給額が変わってきます。なお、介護休業給付金の１か月あたりの支給上限額は332,253円です（令和３年８月１日改定）。

## 【届出】

介護休業終了日の翌日から２か月を経過した日の属する月の末日までに、**休業開始時賃金月額証明書**（240ページ）と**介護休業給付金支給申請書**（次ページ）を、ハローワークに提出します。添付書類として、介護休業申出書、住民票記載事項証明書（マイナンバーを記載した場合は省略が可能）、タイムカード、賃金台帳が必要になります。

## 【ポイント】

介護休業給付金の支給の対象となるのは、雇用保険の一般被保険者で、介護休業開始日前２年間に、賃金支払基礎日数が11日以上ある月が12か月以上あることが必要です。そして、休業期間中、賃金の８割以上の支払いがなく、支給対象期間（休業終了日の属する支給対象期間を除く）ごとに就業している日が10日以下でなければなりません。

### ■ 介護休業給付の概要 ……………………………………………………………

**給付対象者**
- 雇用保険の一般被保険者
- 事前に事業主に介護休業の申し出をしていること
- 就業している日が 10 日以下
- 雇用期間などに関する条件を満たすこと

**給付される期間**
- 一人の家族につき 93 日を限度に３回まで

**給付額**
- 休業開始時の賃金日額の 67%
- １か月あたりの支給上限額は 332,253 円（令和３年８月１日改定）

**その他の条件**
- 常時介護（２週間以上）を必要とする家族の介護であること

# 書式　介護休業給付金支給申請書

様式第33号の6（第101条の19関係）（第1面）

## 介護休業給付金支給申請書
（必ず第2面の注意書きをよく読んでから記入してください。）

帳票種別 `1 5 6 0 1`　1.介護休業被保険者の個人番号 `7 8 7 6 5 4 3 2 1 2 3 4 5`

2.被保険者番号 `1 2 3 4 - 0 0 0 0 5 - 1`

3.資格取得年月日 `4 - 0 5 0 4 0 1`（3 昭和 4 平成 / 5 令和）元号

4.事業所番号 `5 9 0 0 - 0 0 0 0 1 0 - 1`

5.姓（漢字）`北川`　名（漢字）`花子`

7.介護休業開始年月日 `5 - 0 3 0 5 0 1` 元号

8.介護対象家族の個人番号 `3 8 7 6 5 4 3 2 1 2 3 4 5`

9.介護対象家族の姓（カタカナ）`キタカワ`

10.介護対象家族の名（カタカナ）`イチロウ`

11.介護対象家族の性別 `1`（1 男女 2 女）

12.介護対象家族の続柄 `2`（1 配偶者 2 父母 3 子 4 配偶者の父母 5 祖父母 6 兄弟姉妹 7 孫）

13.介護対象家族の姓（漢字）`北川`

14.介護対象家族の名（漢字）`一郎`

15.介護対象家族の生年月日 `3 - 2 2 0 3 0 5`（1 明治 4 平成 / 2 大正 5 令和 / 3 昭和）

16.支給対象期間その1（初日）`5 - 0 3 0 5 0 1`（末日）`- 0 5 3 1`

17.全日休業日数 `3 1`　18.支払われた賃金額 `　　　　`円

19.支給対象期間その2（初日）`5 - 0 3 0 6 0 1`（末日）`- 0 6 3 0`

21.全日休業日数 `3 0`　22.支払われた賃金額 `　　　　`円

22.支給対象期間その3（初日）`5 - 0 3 0 7 0 1`（末日）`- 0 7 3 1`

23.全日休業日数 `3 1`　24.支払われた賃金額 `　　　　`円

25.介護休業終了年月日 `　　　　`（介護休業期間が93日未満のとき記入）

26.終了事由 `　`（1 職場復帰 2 介護事由の消滅）

上記被保険者が介護休業を取得し、上記の記載事実に誤りがないことを証明します。

事業名（所在地・電話番号）緑商会　東京都品川区五反田1-2-3　03-3321-1123

令和 3 年 8 月 15 日　事業主氏名　代表取締役　鈴木太郎　印

雇用保険法施行規則第101条の19の規定により、上記のとおり介護休業給付金の支給を申請します。

令和 3 年 8 月 15 日　品川区 公共職業安定所長 殿

住所　東京都品川区五反田1234
申請者氏名（フリガナ キタカワ ハナコ）北川 花子　印

| 払渡希望金融機関指定届 | 払渡希望金融機関 | フリガナ | トウザイ シナガワ | | | 金融機関コード | 店舗コード | 金融機関による確認印 |
|---|---|---|---|---|---|---|---|---|
| | | 名称 | 東西銀行 品川 | 銀行 支店 | | `0 1 2 3` | `4 5 6` | |
| | | 銀行等（ゆうちょ銀行以外） | 口座番号（普通）`7 7 7 7 7 7` | | | | | |
| | | ゆうちょ銀行 | 記号番号（総合）`　-　` | | | | | |

◆ 金融機関へのお願い
雇用保険の失業等給付を受給者の金融機関口座へ迅速かつ正確に振り込むため、次のことについて御協力をお願いします。
1.上記の記載事項のうち「申請者氏名」、「名称」欄及び「銀行等（ゆうちょ銀行以外）」の「口座番号」欄（「ゆうちょ銀行」の「記号番号」欄）を確認した上、「金融機関による確認印」欄に貴金融機関確認印を押印してください。
2.金融機関コード及び店舗コードを記入してください（ゆうちょ銀行の場合を除く。）。

| 備考 | 賃金締切日 31日 通勤手当 有・毎月・3か月・6か月・無 | ※処理欄 | 支給決定年月日 令和　年　月　日 |
|---|---|---|---|
| | 賃金支払日 当月・翌月 25日 | | 支給決定額 　　円 |
| | | | 不支給理由 |
| | | | 通知年月日 令和　年　月　日 |

| 社会保険労務士記載欄 | 作成年月日・提出代行者・事務代理者の表示 | 氏名　印 | 電話番号 | ※所長 | 次長 | 課長 | 係長 | 係 | 操作者 |
|---|---|---|---|---|---|---|---|---|---|

2019. 5

## 【監修者紹介】
### 森島 大吾（もりしま だいご）

1986年生まれ。三重県出身。社会保険労務士、中小企業診断士。三重大学大学院卒業。観光業で人事労務に従事後、介護施設で人事労務から経営企画、経理まで幅広い業務に従事する。2020年1月に「いちい経営事務所」を開設。会社員時代には、従業員の上司には言えない悩みや提案を聞くことが多く、開業してからも経営者の悩みに共感し寄り添うことをモットーに、ネガティブな感情をポジティブな感情に動かす『感動サービス』の提供を行っている。人事労務から経理まで多岐にわたる業務に従事していた経験と中小企業診断士の知識を活かして、給与計算代行や労働保険・社会保険の手続き代行だけでなく、経営戦略に寄与する人事戦略・労務戦略の立案も行い、ヒト・モノ・カネの最大化に向けたサポートをしている。
監修書に、『入門図解 テレワーク・副業兼業の法律と導入手続き実践マニュアル』『入門図解 高年齢者雇用安定法の知識』『入門図解 危機に備えるための 解雇・退職・休業・助成金の法律と手続き』『失業等給付・職業訓練・生活保護・給付金のしくみと手続き』『図解で早わかり最新 医療保険・年金・介護保険のしくみ』『株式会社の変更登記と手続き実務マニュアル』『最新 親の入院・介護・財産管理・遺言の法律入門』『社会保険・労働保険の基本と手続きがわかる事典』『労働安全衛生法の基本と実務がわかる事典』（小社刊）がある。

事業者必携
入門図解 最新
## 休業・休職の法律知識と実務手続き

2021年12月30日 第1刷発行

監修者　森島大吾
発行者　前田俊秀
発行所　株式会社三修社
　　　　〒150-0001　東京都渋谷区神宮前2-2-22
　　　　TEL　03-3405-4511　FAX　03-3405-4522
　　　　振替　00190-9-72758
　　　　http://www.sanshusha.co.jp
　　　　編集担当　北村英治
印刷所　萩原印刷株式会社
製本所　牧製本印刷株式会社

©2021 D. Morishima Printed in Japan
ISBN978-4-384-04881-0 C2032